江苏高校品牌专业建设工程资助项目（项目编号PPZY2015A004）
教育部卓越幼儿园教师培养计划资助项目

The Insightful Teacher:
Reflective Strategies to Shape Your Early Childhood Classroom

做富有洞察力的幼儿教师

有效管理你的班级

【美】Nancy Bruski 著

王玲艳 罗嘉君 译

中国轻工业出版社

图书在版编目（CIP）数据

做富有洞察力的幼儿教师：有效管理你的班级／（美）南希·布鲁斯基（Nancy Bruski）著；王玲艳，罗嘉君译. —北京：中国轻工业出版社，2018.3（2023.1重印）
ISBN 978-7-5184-1789-6

Ⅰ.①做… Ⅱ.①南… ②王… ③罗… Ⅲ.①幼儿园－环境设计 Ⅳ.①G617

中国版本图书馆CIP数据核字（2017）第311764号

版权声明

The Insightful Teacher © 2013 Nancy Bruski.

Published by Gryphon House, Inc.

All rights reserved. No part of this publication may be reproduced or transmitted in any form or by any means, electronic or technical, including photocopy, recording, or any information storage or retrieval system, without prior written permission of the publisher. Printed in the United States. Every effort has been made to locate copyright and permission information.

总策划：石　铁
策划编辑：高　君　　　　　　责任终审：杜文勇
责任编辑：王慧超　高　君　　　责任监印：刘志颖

出版发行：中国轻工业出版社（北京东长安街6号，邮编：100740）
印　　刷：三河市鑫金马印装有限公司
经　　销：各地新华书店
版　　次：2023年1月第1版第5次印刷
开　　本：660×980　1/16　印张：11.5
字　　数：90千字
书　　号：ISBN 978-7-5184-1789-6　定价：36.00元
读者热线：010-65181109，65262933
发行电话：010-85119832　传真：010-85113293
网　　址：http://www.chlip.com.cn　http://www.wqedu.com
电子信箱：1012305542@qq.com
如发现图书残缺请拨打读者热线联系调换
171296Y1X101ZYW

译 者 序

女儿3周岁上幼儿园了，对于她开始进入幼儿园，作为母亲的我，心情格外复杂。在幼儿园里，她会遇到怎样的老师和同伴？他们之间又会发生什么？她在幼儿园里过得开心不开心？会不会受到冷落？会不会遇到挑战和困难……

读完这本书，我感受到了书里教师和幼儿之间的积极的情感关系；看到了教师对孩子的尊重，给予孩子的情感和行为支持，对孩子的需要的关注；看到了活动的自主权掌握在孩子手中，他们可以决定做什么和怎么做；看到了孩子乐于并自然地向教师寻求帮助，与教师互动，积极地参与活动；也看到了教师能够消除孩子的消极情感，并采取有效的策略让他们重新投入到活动中。如果我的女儿与这样的教师并与在这样的教师影响下的孩子生活在一起，那将是多么的幸福。

本书包含了八章——具有洞察力的教师；设定与儿童的发展阶段相适宜的期待；创设教室环境；家园互动；支持

社会性情感技能的发展；重新定义公平与聚焦目标；进行个别化干预；总结与应用。书中包含了大量真实的班级活动案例，展现了教师如何对幼儿进行有效的干预以及对干预后的评价和分析情况，能给国内一线的幼儿园教师很多思考和启发。另外，书中理论和实践的紧密关系的体现，正是职前学前教育专业学生最迫切需要和学习的，因此本书也可以作为大学相关专业学生的学习补充资料。再有，本书也能有效地提高家长对孩子的了解，在家庭中为孩子提供适宜的支持。

本书第一章到第四章由罗嘉君翻译，第五章到第八章由王玲艳翻译，全书由王玲艳负责统稿，翻译过程中得到了南京师范大学教育科学学院学前教育专业研究生校欣玮、马钰雯、刘颖、孙悦、马文舒和李雨菲的大力支持。译稿难免有不当之处，敬请广大读者予以指正。

王玲艳
2017年11月

前　言

我曾阅读过由《纽约时代周刊》(*The New York Times*)前任编辑、著名记者保罗·图赫(Paul Tough)撰写的一本书,书名为《性格的力量:勇气、好奇心、乐观精神与孩子的未来》(*How Children Succeed: Grit, Curiosity, and the Hidden Power of Character*)。关于这本书的一篇书评,以及教育界就一个人的性格与其在学校和人生中获得成功之间的关系的讨论让我着迷不已。图赫在他的书中指出,提高儿童的认知技能并不足以帮助他们成为成功的学习者。他回顾了已有的研究,阐述了个性特征,如心理韧性、正直、机智、乐观和抱负,都是帮助儿童长期成功的关键因素。图赫认为,甚至那些在早期没有得到支持的儿童也能获得这些能力。他关注全美范围内旨在发展青少年个性特征、帮助他们实现成功的干预项目。

当我阅读到这些文字时,我立刻意识到,对于儿童来说,在学前阶段获得这些经历将颇有益处。我们很难估计幼儿教师对学前儿童生活的贡献,要知道,对于学前儿童而言，学习数字和字母只是为他们的小学生活做准备的一个部分。教师还应当聚焦于帮助学前儿童与他人相处，鼓励他们深入参与具有挑战性和吸引力的课程，向他们展现如何持之以恒地解决问题，支持他们学会自己解决冲突，帮助他们平和地接受个性、能力水平、文化或种族的差异。

儿童通过珍视自己、获得内在力量、拥有应对各种挑战的策略，发展起心理韧性。真正的自尊和自信源于自我认可和被理解。有洞察力的教师能够从整体上建立一个班集体——在这个班集体中，每个儿童都被认可和欣赏，同时儿童也能为集体做出贡献。这本书给教师提供了一些工具和策略。教师可以利用这些工具和策略帮助儿童发展关键的性格特质，使他们能在班级中获得成功。

成功的教育活动的目标之一便是为儿童提供支持，帮助他们学习如何应付、度过和战胜令人失望的经历。每个人在一生中总会有某些时刻要经历失败。人们如何应对这些挑战，决定了他们最终能否成功。学前教师帮助儿童发展的社会能力和自我认可，是他们在生活中继续前行的重要助力。

教师要反思自己在课堂上的干预行为，这是帮助儿童建立自信和自我控制能力的关键。教师不仅要关注儿童的行为，而且要审视自己对儿童的回应。这将有利于教师适应儿童的需要，建立与儿童沟通的方式，从而促进他们的成长。

对于那些有意改进教育实践行为的教师来说，这本书具有实用的价值。同时，这本书也能作为促进教师发展的工作坊、在职培训的补充资料，或者师范院校中与幼儿指导相关课程的补充资料。每一章都提供了发生在班级情境中的真实案例,包括教师的有效干预、对干预的评论和分析。每一章都包括日志活动记录,教师能够反思他们从本书中读到了什么,以及如何将学到的内容与实践结合起来。

我希望教师会因读到这本书的内容而感到兴奋,并着手在他们的教室中实施这一方案。这样,教师就能为儿童提供情绪和心理力量的基础。受益于此,儿童将拥有在学校获得成功和在未来应对人生挑战所需要的能力。

目　录

第一章　具有洞察力的教师……………………………………1
　　　明确价值观和设定目标………………………………2
　　　反思是关键……………………………………………3
　　　未雨绸缪………………………………………………4
　　　传达价值观……………………………………………6
　　　了解自己的优势和弱势………………………………8
　　　认可幼儿的感受………………………………………11
　　　获得强大的洞察力……………………………………12
　　　培养反思性思维………………………………………14

第二章　设定与儿童的发展阶段相适宜的期待………………17
　　　0—5岁儿童的发展……………………………………17
　　　0—1岁：基本信任对不信任…………………………19
　　　1—3岁：自主对羞愧与怀疑…………………………22
　　　3—5岁：主动对内疚…………………………………31

第三章　创设教室环境…………………………………………45
　　　选择学习区……………………………………………46

布置教室 ································· 48
　　　选择和组织材料 ··························· 50
　　　使用和维护自己的教室 ····················· 54
　　　成功的一日生活作息安排和过渡环节 ········· 56
第四章　家园互动 ································· 61
　　　从入园过程开始 ··························· 61
　　　保持沟通顺畅 ····························· 64
　　　鼓励家长参与 ····························· 65
　　　建立信任 ································· 67
第五章　支持社会性情感技能的发展 ················· 85
　　　发展冲动控制能力和语言技能 ··············· 86
　　　同伴合作 ································· 91
　　　协商游戏，化解冲突 ······················· 95
　　　创建班集体 ······························ 103
第六章　重新定义公平与聚焦目标 ·················· 115
第七章　进行个别化干预 ·························· 127
　　　结构设计和提供支持 ······················ 132
　　　群体期待之外的选择 ······················ 134
　　　协助幼儿独立选择 ························ 136
　　　应对幼儿的挑战性行为 ···················· 138
　　　介绍策略 ································ 145
　　　评估策略的有效性 ························ 149
第八章　总结与应用 ······························ 161
　　　情境练习 ································ 162
附　录　幼儿入园表 ······························ 167

第一章

具有洞察力的教师

支持幼儿在幼儿园的适当行为应始于教师。虽然这听起来似乎不合常理,但是教师的观点、方法和价值观是创设一个支持的、引导型教室和塑造幼儿行为的基础。了解幼儿是鼓励他们行为适当并发挥其最大潜力的必要前提,但是,教师首先应该反思和了解自己的想法、感受和观点。

请思考下面几个问题:

- 作为教师,我的价值观是什么?
- 我的目标是什么?
- 我有哪些优势?
- 我有哪些弱势?
- 幼儿园教室应该是什么样的?
- 对于我而言,幼儿的哪些行为是可以接受的?哪些行为是不可以接受的?
- 哪些情况会给我带来真正的挑战?
- 我一般会如何应对挑战?我需要做出什么改变吗?

- 如何让幼儿参与学习的过程？
- 如何利用教室的布局来鼓励幼儿既参与活动又保持独立性？
- 与幼儿的互动如何反映我的目标、价值观和观点？

反思型教师愿意通过检验自己的选择来提升其洞察力。教师将幼儿的行为视为一种互动，其中不仅包括幼儿所做的事情，还包括在幼儿行动前后，教师可能做的或未能做的事情。日常教学为教师提供了各种绝佳的机会，让他们通过与幼儿之间的合理互动，制订并实施富有创意的计划，积极地与幼儿分享自己的经历或兴趣，以及采用其他各种可能的方法来提高自己的专业素养。

明确价值观和设定目标

通过回答下面这些重要的问题，教师可以弄清楚有关创设教室环境的价值观。

- **我希望我的教室是怎样的？** 比如，我让幼儿感到舒适、安全，并且可以自由探索吗？我能适应噪声和活动吗？还是更加喜欢幼儿进行安静的探索活动？
- **我的目标是什么？** 比如，我想通过每天与每个幼儿交流来营造一种欢迎的氛围吗？我觉得自己能够改善与幼儿家长的沟通吗？
- **我想让幼儿有怎样的感受？** 比如，我希望每个幼儿都感到自己是被肯定的和支持的吗？我想让他们感到有探究和犯错的自由吗？

本书将帮助你思考并确定自己的价值观、目标、优势和弱势。此外，我们将一同探索如何利用个人反思来提升洞察力，以创设你梦想中的教室。

反思是关键

大多数教师都认为在教室里体现每个幼儿的价值是一个重要的目标，然而，并不是每个教师都知道如何做到这一点。隐约认识到所有的幼儿都应是教室里的一份子，这是不够的。你应思考一下，重视每个幼儿意味着什么，然后再决定如何实现它。在教室里，教师如何做才能让幼儿感到自己是被重视和欣赏的呢？和每个进入教室的幼儿打招呼就是一个简单的方法。找机会与每个幼儿单独交流也是一种方法。

老师：莉莉，这幅画很迷人，有很多鲜艳的颜色！上面画了些什么呢？

莉莉：这是我家的后院，里面有很多花，还有一个秋千。

老师：我喜欢有花的院子。这些花是谁种的呢？谁来照料它们呢？

莉莉：我妈妈，有时候我也会帮忙！我喜欢那些雏菊。我们会把它们装到罐子里放在房子里。

老师：听上去很有意思。你们都把它们放在哪里？

这种简单的交流不但有助于培养幼儿与教师之间的依恋关系，而且有利于在实践层面落实"让每个幼儿都感受到自己的价值和重要性"这一理念。虽然有些优秀的教师会凭借直觉这么做，但阐明自己的做法有助于确保你在日常实践中践行教育价值观。

有时候，某个幼儿总是以某种方式向你提出挑战，这时你可能会觉得由于自己不得不经常进行行为干预，而使这个幼儿受到了过多的关注。此时，你或许会减少与这个幼儿的交流，以维持正向的依恋关系。如果教师与幼儿的互动受限于预设和实施范围，那么正向依恋关系将很难发展。

过于注重如何应对幼儿的行为，是阻碍你成为有效的、反思型教师的障碍之一。教师常常认为，如果自己能够熟练运用各种干预措施，那么就能一劳永逸地纠正幼儿的某些不当行为。虽然拥有有效的干预策略和良好的沟通能力对于卓越的教学是必要的，但管理幼儿的行为和营造班集体氛围，更需要教师形成一种理念，思考预防措施，考虑班级环境的组织和具体布置，以及定期反思自己的行为对班级幼儿的影响。

未 雨 绸 缪

反思型教师必须坦诚地面对自己的优势和弱势。承认自己有需要改进的地方，可能并非易事。在了解和确认了自身的优势和弱势后，教师可以更好地回应幼儿，并在幼儿需要的时候提供支持和建议。经过这种深思熟虑的教学过程，教师本人也变得更优秀和更强大了。

大多数幼儿教师都希望创建一个让幼儿彼此相互尊重、井井有条、气氛祥和的教室。然而，要想传达这些价值观可能会面临很大的挑战。请看下面这个例子：

兰利老师是4岁幼儿班的教师，她最近正在为上午的圆圈活动烦恼。这是因为玛丽、山姆和麦迪逊三个孩子不但没法控制自己的身体、集中注意力，而且不停地打断和干扰整个活动过程。兰利老师已经厌倦了不得不中断集体活动，去提醒这三个孩子注意控制自己的行为。

教师常常试图对每个幼儿的行为都做出反应，这可能并不是一个好主意。想办法防止幼儿的问题行为，会更加行之有效。要未雨绸缪而不是被动应对，教师需要耐下心来，而且必须承认第一反应未必是最有效的。

教师可以尝试一些不同的方法。比如，在圆圈活动时，可以让这三个幼儿坐在教师或者助教旁边；或许，让他们坐在椅子上比坐在地毯上更合适；在讲故事时，可以请其中一个幼儿帮助翻书，从而让他有些肢体活动；还可以给幼儿一个减压小玩具去摆弄。事前的预防性干预比等到幼儿出现问题行为后再被动应对更有效。向每个幼儿讲解圆圈活动的计划，以及圆圈活动的好处。

或许教师应抛开这三个幼儿的问题，回过头来思考一下：自己组织或管理圆圈活动的方式是否有漏洞。如果有三四个幼儿都遇到了问题，那么是不是说明圆圈活动的时间过长，导致早早就准备好的幼儿在教师正式开始活动前已经不耐烦了。或许因为故事太长、太复杂了，很难让一大群幼儿保持注意力；也或许因为故事太短了或者是幼儿熟悉的，对他们失去了吸引力。或许幼儿需要在活动开始时来些音乐和运动来让自己动起来。

退后一步来反思自己的行为和计划，而不是简单地观察幼儿在做什么，这需要教师愿意承认自己最初的方法是有待完善的。

传达价值观

虽然幼儿乍看起来可能很冲动和不可预测，但他们同时也很可爱、很讨喜。负责教育幼儿的成年人希望幼儿在幼儿园有最佳表现——学会与同伴互动、关注教师、懂得轮流、在游戏中合作、学习特定的技能、感受学习的乐趣。但教育者常常忽视的是，这样的最佳表现需要一个宽泛的、全面的教学方法。教师必须关注自己在做什么、如何做和为何做。如果教师的方法未能达到预期的效果，则需要重新评估这些方法。

达米安非常喜欢玩乐高积木，他想把所有的乐高积木都据为己有。他每天都会走到玩教具桌边，从篮子里拿出积木开始玩。但如果有别的孩子也从篮子里拿积木玩，他就会表现得很不安，担心别人拿的那块正是他需要的。尽管篮子里有很多乐高积木，但他还是会抢别人的，不愿意分享。

教师希望幼儿明白，与同伴合作和分享是教师珍视的价值观和期望他们出现的行为。上述案例中，教师对达安米行为的第一反应可能是，这个孩子得学会分享，不能把乐高玩具都据为己有。因此，教师做出的典型回应是："达安米，在这间教室里，玩具是所有孩子共享的。你要把乐高积木分给其他孩子一些，不然你就不能继续玩了。"这个回应看上去十分合理，因为从别人那里抢东西是不被接受的行为。但是，如果教师能考虑到如何满足这个孩子对大量积木的这一需求，那么她更有可能成功教会幼儿有关分享的价值观。

当幼儿被告知不能做某些事的时候，他们往往会不高兴。所以，教师可以尝试另一种方法："达安米，我发现你不喜欢别的小朋友也玩乐高积木。你为什么不想让萨米玩乐高积木呢？"达安米可能会说萨米在玩的那一块正是他需要的。教师可以准备一个盘子或者塑料碗，在里面放上许多乐高积木，然后告诉达安米这是为他准备的，别人都不能用。如果其他小朋友想玩乐高积木，他们就要去篮子里拿。篮子里的那些是可供分享的，但是这个盘子或者碗里的积木则是达安米的。

虽然看上去教师并没有教导达安米如何去分享，但是她通过让达安米觉得自己拥有了足够多的积木，所以不需要担心别人会拿走他所需要的，从而帮助达安米接受了分享行为。这个方法认识到了达安米行为背后的原因，考虑到了他的需求，并且让他感到自己的需求被满足了。

了解自己的优势和弱势

让学前儿童在上学前班之前学会那么多技能是一项艰巨的任务！幼儿教师需要完成的事情有很多。立即行动、制订有趣的课程计划并实施，看上去是帮助幼儿在幼儿园有良好表现并获得技能的最佳方法！然而，尽管实施课程和组织活动是极其重要的，但是在这之前需要做好大量规划。你需要花点时间思考哪些情况是你觉得特别具有挑战性的，哪些情况是你觉得自己能处理好的。

很多教师能够自如地应对幼儿的某些行为问题或者性格问题，但对于其他问题则没有什么把握。了解自己的优势和弱势，不仅有助于教师提高自己的技能，还有助于他们更好地应对那些具有挑战性的问题。

比如，有的教师对于很黏人、有分离焦虑的幼儿很有耐心，他们可能会将幼儿抱在膝盖上，或者在教室走动时一直把幼儿带在身边；而有的教师可能在与同样黏人的幼儿相处时感到沮丧。同样，当幼儿不服从时，有的教师善于发现并具有创造性，他们会采用多种幽默的方式来化解幼儿的愤怒和固执情绪。但有的教师则会将幼儿的不服从行为视作挑战自己的权威，进而与幼儿进行权力争夺。请看下面这个案例：

萨曼莎不喜欢自由游戏后的整理环节。当教师让孩子们把玩具收起来时，萨曼莎把小手放在屁股后面大声说道：

"不要！你去收拾！"

将萨曼莎的不服从行为视为意志较量的教师会极力维护自己的权威。她会说："萨曼莎，咱们教室的规则就是每个人都要帮忙收拾。如果你不帮忙，一会儿我们出去玩的时候，你就只能坐在走廊里，而且如果你现在不帮忙收拾，就得减少你玩游戏的时间。"这可能导致萨曼莎做出进一步的反抗。这时双方就僵持住了，谁都不想让步。通常，当教师威胁说某个行为会带来特定的后果时，幼儿往往会故意为之，以试探老师是不是真的会这么做。由此可见，这种试图让幼儿服从的方法往往会事与愿违，使得教师和幼儿都很沮丧和不开心。

对幼儿的不服从行为更包容的教师可能会运用幽默的方式来应对这种情况。她可能会说："哦，我的天呐！这是一个多棒的主意啊！如果我是一只有八只手臂的章鱼，我一个人就能把这些都收拾好了！但你看看我，我只有两只手臂，远远不够。我需要帮助！如果我们两个一起收拾这些玩具，那我们就有了四只手臂，那就和章鱼差不多了。如果我们再请两个小朋友来帮忙，那我们就有了八只手臂呢！"幽默感可能不是每次都管用，但常常奏效。当教师这么回应时，她的热情会带动幼儿进行合作。

既能够辨认幼儿是在故意惹人生气，又能够避免做出习惯性反应，是教师需要长期磨练的技能。通过反思来构建洞察力，意味着教师也有无法应对的情况。比如，当教师感到压力很大、疲惫、为私事烦心时，她对幼儿的回应就可能变得迟钝。教师工作的美妙之处在于，总有机会把工作做得更好、纠正错误、不断进步。幼儿反思自己行为的能力还处在发展之中。他们比较冲动，经常会因为短暂的情形失控、发怒或者做出失当的行为。而教师可以成为幼儿的榜样，通过坦诚自己的错误来示范如何进行自我反省。

瓦尔加斯老师今天过得不太好。她早上迟到了，把咖啡溅到了衬衫上，下午还要改变日程送儿子去看牙医。

这些天，瓦尔加斯老师都在和孩子们进行"纸塑"项目活动。他们正在研究水域，想了解相邻的海洋与陆地关系如何。菲比是一个吵闹又有点专横的4岁小姑娘，她说另一个孩子做的地球又蠢又丑。

瓦尔加斯老师大喊道："菲比，你说话这么刻薄，赶紧离开这张桌子！你应该多关注自己的地球，少评论别人的。你的也并不完美！"

菲比生气地从桌子边默默走开，看上去既愤怒又痛苦。

每个人都会遇到糟糕的一天。这时，人们容易说一些伤人的话。好消息是，当教师犯这样的错误时，他们和幼儿都得到了成长的机会。那天晚上，当瓦尔加斯老师回顾这一天时，她或许会意识到，虽然菲比的行为是不能接受的，但自己的反应也是不恰当的。第二天，她应该坐下来和菲比聊聊：

菲比，我想起昨天下午在美术桌旁，当你说朋友的坏话时我大声批评了你。我昨天过得不太开心，脾气有点暴躁，我不应该大声批评你，也不应该那样评论你做的地球。那是不对的。你对朋友刻薄让我很生气，然后我又很刻薄地对待了你！你应该尽量用友善的语言和朋友说话，而我则应该努力不让自己的烦心事影响你们。昨天冲你大喊大叫，我真的很抱歉。我希望你能够原谅我。

在多数情况下，幼儿会接受教师的道歉，然后幼儿和教师的心里都会感觉舒服一些。通过这种方式，教师可以为幼儿树立反思和承担个人责任的榜样。她向幼儿示范了语言是可以伤人的，而她正在做出弥补。同时，教师也清楚地指出，菲比的行为是不能接受的，她也需要做出改进。让幼儿通过这种方式来感受成人表现自责的过程是非常有效的。有些教师可能会担心这样做会使自己显得软弱。恰恰相反，这会使教师因为不怕承认自己的不完美而显得更强大。教师正在为自己所秉持的价值观，包括友好合作、责任、宽恕和尊重等，做出榜样。反思型教师有助于培养反思型的幼儿。

认可幼儿的感受

和幼儿相处，让教师感受到了人生头五年儿童在发展方面经历的激烈挣扎，包括依恋、分离、自主、主动、开始与同伴交往等。要想成为一个反思型教师，你需要学会接纳幼儿的感受，尽管他们的行为有时必须被约束。当一个幼儿感到自己的感受被认可时，他才可能遵从班级制定的规则。

特丽特别喜欢老师在户外设置的穿越障碍活动,但她对于室内的故事活动和午餐环节则毫无兴趣。她叫喊着说她不想进去。老师并没有不停地告诉她该走了,而是说道:"特丽,你今天上午在穿越障碍活动中玩得真开心!你很擅长玩这个,它太好玩了!当人们玩得高兴的时候,往往就停不下来。有时候被迫中断会让人很生气。你看这样怎么样,你再玩最后一次,然后我向你保证今天下午第一个让你玩。"

虽然特丽不愿意停止游戏,但对于能再玩一次还是挺高兴的。当她到达障碍场地的终点时,老师拉起了她的手。特丽还没来得及反抗,老师就边夸奖她在障碍活动中的表现,边牵着她的手往教室走去。

通过认可特丽的感受,多让她玩一会儿并和她一起走进教室,这位教师非常机智地防止了特丽可能出现的不安,而且还向她保证,她喜欢的障碍活动并没有完全结束。

在继续引导幼儿遵守规则和规范的同时认可他们的感受,这对于幼儿来说是非常有效的。教师清楚一日活动作息时间表的必要性,但幼儿不懂这些。所以,教师能认识到幼儿在遵守一日活动作息时间表上的困难是有益的。

获得强大的洞察力

教师可以利用反思来提高教学效果的另一个方法是根据自己的感受去分析。这是儿童治疗师在对儿童进行游戏治疗时学到的一种方法。通常，幼儿设置的游戏或游戏情境能引发治疗师产生与幼儿相同或相似的感受。这是让幼儿用非语言和无意识的形式表达其担忧或脆弱的一种方式。

很多年前，那时我还是个年轻的治疗师，为一个5岁的小男孩进行治疗。他喜欢和我一起玩结构性游戏。但是，他会不断地改变游戏规则或者比赛方式，为的就是让我输掉比赛。当然，作为一名治疗师，赢得比赛并不是我的目的；但有时，无论我怎么玩都会输掉时，我会觉得很沮丧，而且觉得自己很蠢。

当我把这一尴尬告诉另一位咨询师后，他提出了一个让我牢记多年的见解。他认为这个孩子之所以会这么安排游戏，就是想让我明白他自己在生活中的感受。在生活中的某些时刻，他一定感觉到了失控、愚蠢，觉得自己是个失败者，而他正在与我分享这些感受。

幼儿经常通过行为而非语言来表达他们的感受，这对于教师了解幼儿问题行为背后的原因格外有帮助。借助自己来了解幼儿的方式是非常有启发性的。举个简单的例子，幼儿会通过不断地反抗来掌控局面。这样的幼儿很容易让教师感到失控，因为教师的权威经常受到质疑。通过省视自己与幼儿相处中产生的愤怒和沮丧情绪，教师能识别失控的感觉。

在许多情况下，这样的幼儿都会在生活的某个方面处于挣扎状态，他们企图控制教师，其实是想控制自己的生活。如果教师能利用自己的感受去分析，他就能更好地理解幼儿，并且能找到更有效的干预策略。这需要教师愿意坦诚地面对自己，而这可能会是一个有力的工具。教师自己的感受，甚至是那些负面的感受，都是可以接受并以不伤害幼儿的方式处理的。通过诚实地面对自己或寻求同事的帮助，教师可以找到积极的方式来支持幼儿。

教师常常觉得，对幼儿感到愤怒是不专业的表现。因此，教师往往会不接受自己的消极情绪，甚至否认它们的存在，但会在教室里表现出这些情绪。所以，教师还是应该承认和接受自己对幼儿的情绪。然后，他们可以寻求帮助和支持，以一种健康的、富有成效的方式来处理他们的情绪。

培养反思性思维

成为反思型教师有助于你成长，提高洞察力，并与幼儿友好地相处。如何能做到这些呢？细心观察你与幼儿的互动，审视幼儿的行为和你自己的反应。回顾这一天发生的事情。哪些顺利？哪些不顺利？分析和思考会让你在和幼儿相处时越来越胸有成竹。教室中的每一天都是用新方法创造的美好日子，或是通过改变教学方法防止坏事发生的新机遇。做到这些依靠的不是魔术，但结果是神奇的！

问题反思

本章描述了个人反思对于成为具有洞察力的教师的重要性。了解自己的优点和教学优势，以及面临的挑战和热点问题，使得教师在回应幼儿时更专业、更具支持性。

下面这个练习旨在帮助教师以一个教师的立场来思考，找出自己的优势和弱势，并选出两个领域重点关注以获得成长。

1. 描述至少三个你所擅长的或者引以为豪的教学领域。
2. 指出至少两个对你来说具有挑战性的教学领域。
3. 指出三种你能够自如且有效应对的幼儿的典型行为，比如，分离焦虑或者叛逆行为。
4. 描述至少两种会让你很敏感、特别不喜欢或者偶尔产生强烈情绪反应的幼儿的行为。
5. 选择一个你认为较难应对的教学领域或者幼儿的行为。在接下来的几个月里，你要努力改善它。
6. 制订一个在这个领域逐渐取得进步的计划。
7. 思考班级的目标和价值观。把它们写下来列成单子放在便利的地方。随着你阅读本书的深入，经常参照这个单子，并适时地添加或改动上面的内容。

第二章

设定与儿童的发展阶段相适宜的期待

有时,教师对"儿童发展"这个概念似乎不太在意。这个词听上去像是一个与教室里每天实际发生的事没什么关联的学术概念。实际上,了解儿童发展是很有帮助的,这是因为:了解儿童在特定年龄的技能、能力、兴趣和情感需求,有助于教师组织教学活动、采取教学策略来支持他们。为什么这么说呢?教学计划包含的所有因素,包括教室环境的创设、课程的开发和实施、与儿童的互动、对行为的规范和期待,都应基于对本班儿童思想和身体发展的了解。如果计划不是基于对儿童发展的理解制订的,那么儿童在这个阶段就会出现大量的问题行为并带来很多消极的后果。

0—5岁儿童的发展

本书中,我们参照20世纪中期最伟大的心理学家之一埃里克·埃里克森(Erik Erikson)所提出的阶段理论来研究儿童早期的发展阶段。埃里克森将人的心理发展划分为八个阶段，每个阶段都有对应的年龄段，而且每个阶段都包含特定的发展挑战或者"危机"，而一个人只有解决了这些挑战或者"危机"，才能继续健康、积极地成长。每个阶段的危机处理情况并不需要是完美的，因为我们一生中总有些尚未完全解决的发展问题，而生活为儿童和成人提供了许多弥补和解决旧的冲突的机会。

埃里克森的心理发展八个阶段

年龄	发展任务
0—1岁	基本信任对不信任
1—3岁	自主对羞愧与怀疑
3—6岁	主动对内疚
6—12岁	勤奋对自卑
12—18岁	自我同一性对角色混乱
18—35岁	亲密对孤独
35—60岁	生育对自我专注
60岁—终身	自我调整对绝望

儿童需要体验的是心理分析学家唐纳德·温尼科特（Donald Winnicott）所说的"抱持性环境"。我们没必要成为完美的父母或看护人，只需要在多数时间里对成长中的儿童的需求做出回应即可。这样做，可以让儿童在情感上体验到被抱持和安全感。对于婴儿来说，抱持性环境的确意味着给予他们更多身体上的拥抱，但温尼科特提出的这个术语还有超越身体上抱持的含义，即保护、支持、在情感上接近和理解儿童、满足他们身体和情感的需要。对于既是家长又是儿童

研究者的我来说，温尼科特的观点让我甚感宽慰。它让我知道，我的失误未必会给我的孩子或者我的研究对象带来负面的结果。重视满足儿童的需求并付出行动才是至关重要的。

请记住，儿童是通过探索、互动、试错，并在成人的支持和帮助下学习的。教师的关注点和目标不应是让儿童通过被剥夺、承担后果、接受惩罚等"做减法"的方式学习。通过惩罚儿童的错误行为来给他们一些教训的旧观念其实是无效的，还可能适得其反。通常，当儿童遭受惩罚或承担错误行为的后果时，他们会感到羞愧、羞辱和怨恨。但是，这并不意味着设定行为的界限并偶尔使用逻辑后果法就是不必要的，只不过首先应该寻求其他的方法和策略。儿童通过行为来表达他们的需求，而成人需要理解儿童的需求并适时回应。这样可以避免、防止或改善儿童的很多问题行为。

0—1岁：基本信任对不信任

生命的头一年是为情感的健康发展奠定基础的。父母和看护人必须在大多数时候回应婴儿的需求。实际上，儿童正是在需求不断得到满足的过程中逐渐学会独立的。正是通过遇到困难时得到回应的这种反复体验——饿了有人喂奶、尿布湿了有人换、不舒服时有人抱、需要身体接触时有回应——婴儿才开始产生信任并建立对世界是个温暖的地方的深层感知。虽然照顾婴儿占据了成人的睡眠时间，但幸运的是，婴儿有着巨大的吸引力，使得我们愿意与他们亲密接触。他们柔软的小脑袋、娇嫩的皮肤，甚至他们的气味无不刺激着我们想要抱着他们，和他们接触。

当婴儿开始发展一些自我安慰的技能时，比如吮吸拇指、找到一个更舒服的姿势、玩风铃、探索自己的身体，父母和看护人可以在婴儿啜泣时稍等一会儿再抱起他们。著名的儿科医生和写过很多有关婴幼儿养育方面图书的作家T. 贝里·布雷泽尔顿（T. Berry Brazelton），分析了婴儿发展自我安慰技能的必要性。虽然任由小婴儿在床上独自尖叫是不好的，但对于稍大一点的婴儿来说，让他们在遇到困难或者感到伤心时花点时间想办法让自己平静下来是有益的。看护人必须利用辨别力、时间感、敏感度、情感协调能力来评估婴儿的需求并做出相应的回应。

值得庆幸的是，父母和看护人不可能在婴儿一哭时就来安抚他们。所以，婴儿在出生后的第一年有很多机会去发展自我安慰技能。

对于大部分婴儿而言，在看护人对他们的需求做出回应和他们开始发展一些等待能力之间存在一种平衡。如果平衡是倾向于看护人回应的一端，那么婴儿就能带着安全感和对自己将会被照顾的信任感进入成长的第二年。这种信任使得婴儿在进入下一阶段时，精力充沛、信心满满地去自主地探索周围环境。

那么，一个胜任了这个阶段的1岁儿童应该是什么样的呢？这样的儿童大多数时候脸上洋溢着快乐的神情，会兴致勃勃地寻找和探索周围环境中的物体，想要到处走动自己拿东西玩，喜欢与父母、看护人或者信任的成人互动。一个未能体验到这种需求或这种需求未被满足的1岁儿童，可能看上去不太高兴，也对四处探索周围环境没什么兴趣，他更关心看护人在哪里。他探索世界的兴奋感被压制或缺失，会变得固执或者易怒，需要许多的安慰和鼓励。每个年幼的儿童都会偶尔地表现出不安和需要安慰，而如果这种情况出现得很多，那可能是因为他在第一年的任务没有很好地完成。

婴儿是通过其依赖性需求被满足来逐渐发展独立能力的。因此，如果一个2岁的幼儿看上去并不兴奋和满足，那么父母或者看护人可能需要给予他更多的安抚和鼓励。他需要有机会自己去探索，但是在探索的过程中需要大量的支持和帮助。有些幼儿看上去似乎并不在意大人们在哪里，他们在房间里到处跑，找玩具玩；而有些幼儿在探索时则需要成人时刻待在自己的视线范围内或身边，这样他们才能感到安全。成人提供的支持越多或越在现场，幼儿才越有可能自信地去探索。对于年幼的儿童来说，让他们自己去探索的策略鲜有成效。因为他们的独立性与安全感紧密相连，而这种安全感来自他们与可信赖的成人建立的信任关系。

> **注意**：当试图去理解一个儿童明显的不快或者不易相处背后的原因时，首先应排除身体的因素。患有过敏症或是慢性病的儿童肯定没有健康的儿童快乐。你应该请儿科医生来检查儿童的健康状况以排除身体的因素。

1—3 岁：自主对羞愧与怀疑

自主，是指"免受控制和外部影响，变得独立"。虽然驱使儿童自主的力量在这个阶段开始萌发，但是关于自由和控制的问题会贯穿人的一生。想想这个阶段的幼儿，你就会惊讶地发现，这个阶段是多么令人惊奇、高兴但又充满挑战啊！在这一阶段，幼儿的小脑袋、身体和精神发生了那么多的变化。不管是在身体，还是在其他方面，成人都很难跟上他们的脚步。幼儿变化最明显的两个领域是身体运动和语言发展。

探索

哪个成人没有对着幼儿好奇的样子呵呵地傻笑过呢？对于成人来说，看着幼儿探索时表现出的热情和好奇是一种享受。一方面，家长和看护人可能会感到些许解脱，因为他们的小宝宝现在可以自己走动了，需要被抱着的时候少了。从某种程度而言，这使得成人可以空出手来做一些日常工作，而这些工作是他们抱着孩子时难以完成的。另一方面，成人则要在幼儿探索时密切监控他们，以保证他们的安全。在幼儿刚获得的独立性和必要的监控之间找到平衡点，对于成人来说不是一件容易的事。

当幼儿能自由地探索周围环境时，生活是令他们兴奋的，他们在每个角落里都能有新的发现。但这时也潜伏着危险，成人必须时刻保持警惕并提供保护。这种保护有时意味着必须采取限制措施，同时大人也开始对幼儿说"不"。在这个发展阶段，敏感的家长和看护人应该思考幼儿的发展需求和性格，在布置环境时避免连续多次设定限制，移除那些幼儿能够触摸到的危险品或易碎物品。尤其是在教室里，看护人必须仔细考虑玩具和材料的放置情况，这样幼儿才能在没有成人干预的情况下独自去探索许多有趣的事物。

埃里克森关于羞愧和怀疑的概念是指，当一个幼儿在探索活动中经常被限制时，他可能会觉得自己有问题。在这个年纪，探索本身就是一种驱动力。这种寻求新的体验和进行身体挑战的愿望是与生俱来的。如果成人经常生气、发怒并限制幼儿的探索，那么幼儿可能会觉得自己的某些方面是不被接受的。这个阶段的目标，就是尽可能提供一种材料丰富但危险性低的环境。理解幼儿想探索周围的一切是他们的一种天性，有助于成人在思考和布置环境时尽量减少与幼儿发生冲突和对幼儿提出限制的可能。

2岁的奥利维娅习惯伸手去够头顶上的高架子上放的纸，而不是去拿教师专门放在矮架子上供他们使用的纸。有时候，当她够不着高架子上的纸时，她会很生气，会沮丧地尖叫。老师已经告诉她很多次了，矮架子上有纸。

一天，当奥利维娅又试图去够高架子上的纸时，老师叫住她："奥利维娅，我刚看到你膝盖旁边的架子上有些粉色的纸等着你去拿！我敢打赌，在我数到三之前，你一定能拿到它们。"奥利维娅看了看老师，然后迅速地找到了那些粉色的纸，自豪地笑了。

教师明白奥利维娅想要自主行动的心情，而这帮助她找到了应对奥利维娅挫败感的方法。如果教师没有这样做，而是提醒奥利维娅要遵守班级规则或者把她带离这个区域，那么就会加重奥利维娅的挫败感。在很多情况下，了解幼儿行为背后的原因并且创造性地引导他们是有效的。

大多数教师都熟悉"可怕的2岁"这个词，并且亲身体会过它的意义。虽然并非每个2岁的幼儿都会在自主问题上与成人发生激烈的争执，但一般而言，2—3岁的幼儿都很坚持自己的想法，在被反对时会激烈抗议。"不，我不干"或者"不！这是我的"是这个年龄段幼儿常见的表达方式。2岁幼儿的教师必须仔细筹谋，避免发出直接的命令，在表达对全班的期望或者要求时必须运用技巧。

我在幼儿教师工作坊给老师们培训时，经常提出一个关于幼儿的发展性"工作"的概念。当老师们抱怨幼儿的控制、挑战性或者叛逆行为时，我就试图通过解释"这些行为是幼儿工作的一部分"来重新定义这些行为。幼儿的职责就是探索他们的世界。他们知道，无论是从个头还是从力量来说，他们都不如成人，但是他们希望尽可能掌控自己的经历。所以，他们的发展性工作就是挑战限制，看看他们能走多远，能获得多少控制力。与此同时，我们成人应思考我们的工作是什么：为幼儿提供机会让他们安全探索，让他们自己做选择，以及在清晰的界限和安全的范围内有一些控制自己的权利。实际上，当幼儿探索和提出要求时，如果他们感受不到安全的边界和限制，对于他们来说是很可怕的。尽管幼儿会反抗这些限制，但当你以合理、关心而又坚定的方式呈现这些限制时，反而会让他们感到很安心。

理解2岁的幼儿希望在一个广阔的成人世界里掌控自己，教师就可以在避免冲突发生的情况下请幼儿配合自己。"把玩具放好，我们就可以去外面玩了"比"如果你不把玩具放好，就不能出去玩"的说法更有智慧。了解幼儿的动机并抓住他们的兴趣，有助于获得幼儿的合作，并有利于维持一个和谐的教室环境。

语言发展

有时，随着幼儿语言技能的发展，成人可能会对于如何设定限制感到困惑。幼儿首先发展的是接受性语言，幼儿听懂的单词和短语往往比他们能说的要多。表达性语言，即幼儿能够说出来的单词和短语，稍后发展。

家长和看护人经常很高兴地跟孩子说："去，把你的布娃娃拿过来，我们来给她穿衣服！"然后，看着这个孩子走到玩具架那里拿来布娃娃和衣服。然而，这种对幼儿接受性语言发展的认知会导致成人抱有不切实际的期望。很多成人在抱怨孩子不听话时坚称："他明明知道'不'这个字意味着什么！"这或许是真的，但是幼儿在理解"不"这个字的意义和他们有足够的自控能力去停止某个行为之间常常存在着巨大的距离。这就是为什么成人还是要继续使用身体干预和分散注意力的方式来设置限制，甚至当幼儿已经理解了成人的话语后也依然这么做。

在拥有了多次身体被轻轻阻止的经历后，幼儿慢慢发展了自控能力。从教室的另一边冲着正在盆栽周围的泥土里玩的幼儿大喊"不行"，是不适宜的。更好的做法是，走到幼儿身边解释说："种植植物的泥土不是用来玩的，我们来找一盆沙子玩！"然后，教师可以牵着幼儿的手带他离开盆栽。我们应认识到，这种回应方式不但能让幼儿在学习恰当的探索行为时保证安全，而且能帮助成人减少被幼儿无视时的压力感和挫败感。

马克走向拼图桌，发现西奥正在玩他本来打算玩的拼图。老师知道马克喜欢马，而且在放拼图的架子上还有另外一幅马的拼图。于是，她蹲下来说："马克，西奥正在玩那幅马的拼图。不过，我知道你喜欢紫色马的拼图。这幅拼图正在架子上等着你呢！看看你能不能找到它！"

教师通过身体靠近和转移注意力的方式，降低了幼儿之间发生冲突进而升级到推搡、抢夺行为（这一年龄段幼儿的常见行为）的可能性。

分离情绪

对于1—3岁的幼儿来说，如果他们能定期被其他看护人照顾，那另一项发展任务就是学会在与父母分离时控制自己的情绪。虽然婴儿也能感受到与父母的分离情绪，但是照顾他们的成人有责任给予他们支持，因为婴儿尚不具备必需的语言和运动技能来应对这种情绪。安慰幼儿和始终如一的告别程序，有助于缓解幼儿的分离情绪。家长和教师之间的良好沟通是维持这种照料模式的关键，同时也有助于家园共育的一致性。

当婴儿进入幼儿期，开始更独立地探索周围的环境时，他们经常使用刚学会的语言和行为来表达自己的分离情绪。在这个时期，很多幼儿对某些物品或者"心爱之物"产生了依恋。比如，心爱的玩具或毯子象征着他们对家人的依恋。对于很多幼儿来说，随身带着这样一个物品可以使他们感到安全。幼儿经常带着他们的心爱之物一起午休，或者早上带着它们进入教室。这对于教师来说是一项挑战，因为他们要保证这些东西是安全的且不被弄丢。

出于这方面的考虑，有些幼儿园会制定规则来限制这些"过渡物品"的使用。有的幼儿园完全禁止幼儿带过渡物品来园，有的幼儿园则要求幼儿在上课时将这些物品放在自己的背包或柜子里。幼儿园制定这些规则是为了维持秩序，但不幸的是，这种秩序是以幼儿的情感需要无法得到满足为代价的。因为过渡物品代表了幼儿在心理上得到了一种安慰和满足，所以不让幼儿拥有这些物品就会让幼儿觉得他们的安全需求不重要。从儿童发展的角度思考，你就会明白，幼儿园应该欢迎幼儿带过渡物品来园，而且要保证这些物品不被弄丢或损坏。通常采取的策略是，允许幼儿拿着自己的心爱之物，直到他们愿意玩教室里的玩具，那时他们就可以把自己的心爱之物放在柜子里了。如果幼儿觉得有需要,他可以随时去取他的心爱之物。

有时候,仅仅是一张柔软的沙发或者一个有着大靠垫和书籍的舒适阅读区就够了。幼儿可以在这里抱着自己的心爱之物,获得情感上的助力,从而度过幼儿园的一天。

在幼儿刚入园时,如果教师允许那些对过渡物品非常依赖的幼儿在一段时间里(比如前一两周)随身带着它们,这对于他们适应幼儿园是极有帮助的。这需要教师给予大量的关注和监督,但这些物品给予幼儿心理上的安慰和安全感是值得教师付出的。当幼儿心里感到安慰时,他们适应幼儿园的环境会变得容易得多!

理解过渡物品对于幼儿的心理发展意义,有助于教师对幼儿提出合理的期望,并为幼儿的成长提供必要的支持。花点时间去思考幼儿的这种需求并制订相应的计划,能让教师的工作开展得更顺利,因为这会使幼儿感到更加安全和受欢迎,因而不太会出现消极行为。

阿伊莎是个2岁的孩子,她已经在一个全日制的保育机构待了一年。她非常依恋娃娃家的一个布娃娃。她每天早上来了之后都要去找"她的"娃娃,把它拿起来,并在上午的大部分时间都随身带着它。有一天她比平时来得稍晚了一会儿,另一个幼儿苏茜拿了这个娃娃在玩。阿伊莎走到苏茜面前抓起娃娃,喊道:"这是我的!"

面对这种情况,教师有几种办法。如果她关注的是班级材料的共享性，那么就会觉得这是一个强调分享的好机会。她会告诉阿伊莎，玩具是大家的，任何人都可以玩，然后给阿伊莎提供另一个布娃娃。但这种做法很有可能无法使阿伊莎满意，导致她大声抗议。

另一种办法是，向苏茜解释这个布娃娃是阿伊莎的最爱，它能让阿伊莎在早上来了之后心情平静下来。然而，苏茜并没有做错，她只是在娃娃家的小床上选了一个布娃娃玩而已。让她把布娃娃让给阿伊莎玩，对她是不公平的。

一个更棒的主意是，教师在了解了阿伊莎一定要在早上玩那个布娃娃后，可以把这个布娃娃放到一边留给阿伊莎玩。教师可以把布娃娃放到阿伊莎的小柜子里或者一个高点的架子上。阿伊莎可以在想要的时候向老师要，其他幼儿则拿不到，这样可以避免一场可预见的冲突。

制订满足幼儿需求的个性化方案是可以获得成功的一种策略，而成功的个性化方案需要教师的反思、思考和规划。的确，班级里的玩具和布娃娃是每个幼儿都能玩的，但如果幼儿对某个玩具有特殊的依恋情感，并且这个玩具有助于这个幼儿适应幼儿园的生活，那么，在班级规则之外有个特例也是合理的。在一个满是幼儿的教室里更是如此，因为他们的表达能力有限，无法表达自己的分离情绪。通常，幼儿对教室里某一物品的依恋情感不会持续很长时间，阿伊莎可能很快就不再需要每天早上都抱着这个布娃娃了。

当教师了解幼儿正在经历的发展阶段，并且以这一阶段的视角来观察幼儿的行为时，就能更敏感地对幼儿的行为做出回应，更有效地帮助他们。这就需要教师愿意去反思这些行为的意义。当幼儿不断地成长和发展时，他们的自控能力也逐渐显现。2岁大的幼儿仍然需要父母和教师给予大量的身体干预，但他们有时也会对口头的提醒做出反应，尤其当涉及他们不太在意的事情时。

分享（或不分享）

1—3岁的幼儿一般都具有领地意识，无法接受分享这一概念。教师可以采取一些预防措施，比如，为每个幼儿提供单独的装游戏材料的盘子或盒子，这样可以满足幼儿拥有自己物品的需求，同时要保证提供的材料充足。你的目标是让每个幼儿都享有平等使用材料的机会，并且让他们在没有其他人干扰的情况下有效地游戏。幼儿在这个年龄段的发展目标就是有效地游戏，而不是理解分享的概念。学会分享是一个长期的目标。

注意力持续时间短暂

教授1—3岁的幼儿最具挑战的一个方面是他们的注意力持续时间短暂，这就要求教师每天要准备很多不同的活动。即使幼儿很喜欢教师提供的艺术材料，但他们探索这些材料的时间也不会超过十分钟。教室里的其他活动亦如此。因此，幼儿教师必须善于为幼儿提供简单且富有吸引力的探索活动。

教室里，一群幼儿正聚集在滑梯的周围。孩子们相互推橾，都不太高兴。教师迅速思考了一下，拿出一些不同的材料来鼓励幼儿进行粗大动作游戏：一个用布做的可以爬过去的隧道，一个用大块积木搭成的障碍赛道，以及一条粘在地毯上的长胶带。滑梯周围的幼儿开始离开滑梯去探索新的材料。

为幼儿准备很多快速且容易玩的游戏点子。为了保持幼儿的兴趣，限制每个活动区的材料数量，并且要经常更换新的材料。幼儿通常会积极回应教师的热忱，所以，只要热情地展示材料，任何新的材料都能对幼儿产生强大的吸引力。不管是一个新故事、一首新歌、一个新的动作还是一种新的颜料，幼儿都能对教师的热情展示做出积极的回应。

3—5岁：主动对内疚

埃里克森认为，学龄前儿童开始从家庭走向更广阔的世界。在这个阶段，他们会遇见新的同伴和成人，开始建立真正的友谊，准备学习很多新的技能，包括为将来进入小学而准备的学业技能。随着复杂思维和语言技能的发展，他们开始思考自己想做什么以及如何做。因此，他们更可能做出成人不认可的决定和行为。

测试自己在多大范围内享有自由对于学龄前儿童是很重要的。埃里克森认为，在这个阶段，儿童开始发展主动意识，并相信自己有能力实现自己的想法并影响周围的环境。

同时,当他们的想法和行为不被自己喜爱和尊敬的成人认可时,他们必须开始学着反思自己的选择,有时还需要做出改变。这种反思的过程能够引发他们产生做错事的内疚感,以及对不当行为的自责和后悔。

近年来,"自我调节"已经成为教育界的一个时髦词语,它是指幼儿管理、调整和控制自己的情感和行为的能力。如果一个儿童能够倾听并执行指令,遵守班级规则,与同伴协商解决冲突和问题,那么他就会被认为是具有自我调节能力的。研究表明,相对于识字、识数等学业技能,自我调节能力实际上更能预测儿童以后在学校的学习能否成功。如果一个儿童只具备学业技能,但不能关注老师的言行,无法迅速地遵守班级规则,不能与同伴一起解决问题,那么学业知识对他来说也是无用的。只有掌握了高水平的社会情感技能,儿童才能利用自己的知识,保证在学业上获得成功。

促进儿童发展自我调节能力的部分因素,是他们有能力和机会反思自己的行为。儿童必须明白,伤害他人的情感或者不遵守班级安全指南会产生负面的影响;有时,认识到这一点会让他们感到悔恨和内疚。这是一件好事,因为这代表着良知的萌发,也说明儿童开始有能力明辨是非并做出符合道德规范的选择。

大脑前额叶皮层帮助我们思考并做出对我们有利的行为选择。学前儿童大脑的这部分区域还不是很发达,这就解释了为什么他们总是依据情感冲动而为,并不考虑行为的后果。良好的教育可以帮助儿童在学龄前阶段发展这种能力。这一阶段的儿童心理发展目标，是获得强烈的主动性和有限的内疚感。教师在教室里设置限制和边界以及帮助学前儿童解决问题的方式，将会影响他们是否能感受到主动性或者内疚。

在埃里克森构建他的人格发展理论的时代，成人对儿童还相当严苛，教养儿童的重点是期待他们有更多的服从行为。那时，人们几乎不会接受儿童的吵闹和顽皮的行为，而这些行为是儿童在了解世界和自己的掌控程度时经常出现的。

如今的社会和埃里克森所处的时代大相径庭。很多家长因为经济拮据而从事多种工作，因此需要各种形式的保育机构来照顾年幼的孩子。在这些家庭中，生活对于儿童来说是不确定的，因为他们一天中会被不同的成人照顾，而这些成人管理儿童行为的风格又是迥异的。由于家长的负担很重，所以他们没有精力和时间去支持和耐心地教授儿童适宜的行为，也无法寻求到一种平衡，让儿童既能适当地服从，又能在一个安全且被监管的环境中自由地探索。有些儿童还会面临一些极端的情况，比如，在很长时间无人照看，全靠自己去弄明白如何行事、如何与他人互动。还有的情况是，儿童的父母或看护人严格要求儿童服从，而这些成人所安排的日常活动是无法吸引儿童的兴趣的。有时，家长会通过纵容孩子和拒绝设置限制来弥补自己因为过于繁忙无法陪伴孩子而产生的内疚。如果儿童感受不到成人对他们抱有的始终如一的且与其发展相适宜的期待，那么儿童就难以在安全探索和适当服从之间找到平衡。这些儿童可能不知道如何让自己穿过教室,以有效的方式与其他儿童或材料互动。

对于教师来说,了解这类儿童的家庭环境和日常生活是对他们抱有合理期待的必要条件。请记住,每个儿童的情况都是不同的。事实上,即使父亲或母亲打两份以上的工或者儿童在一天中有多个人看护,也并不意味着儿童是痛苦的。尽管很多家长在生活中需要面对许多问题,但他们在抚养孩子方面却做得非常棒。观察儿童在教室里的行为表现,了解他们的家庭和家庭生活,然后,再制订一个计划帮助儿童学习必要的技能以便其在学校取得成功。

叛逆行为

教师经常抱怨那些既不感到自责也不反思自己行为的儿童。这些儿童叛逆、固执己见;当教师试图设定规则,帮助他们了解自己的行为是不合适的或者会伤害别人时,他们显得满不在乎。教师通常会认为这是因为家长在家里没能提供适当的限制,所以导致儿童在幼儿园拒绝顺从班级规则。

想想,或许家长并不知道儿童是如何发展自尊的,他们担心设定限制会伤害孩子的自信和自我意识。儿童需要在自由地探索、主动地影响周围环境与拥有家庭为他们设置的安全界限之间找到一种平衡。对于教师来说,这无疑是一个令人头疼的问题,但是他们必须时刻牢记自己只能控制班级里的工作。他们的关注点和大部分精力必须花在了解儿童的需求并制订计划,在班级范围内满足儿童的需求上面。

艾丹是个很难说"是"的4岁孩子。很多时候,他会反抗教师提出的班级要求，拒绝遵守各种规则，一意孤行，毫不关心他人的感受。

在收拾玩具的环节，他完全不参与，而是在教室里闲逛。当到了该坐在地毯上例行听故事和讨论的环节时，他还在教室的某处玩耍。如果有其他小朋友在点心时间坐了他想坐的位子，他就会大声坚持要回那个座位。当他在户外玩篮球时，他拒绝别的孩子来轮流投篮。当教师进行干预时，艾丹看起来并不在意，依然坚持玩他的。

教师应该如何让艾丹关心他的行为对同伴有什么影响呢？这是一个长期的任务。请记住，幼儿的大脑前额叶皮层只是让他们有能力思考自己要做什么，并计划采取适宜的行为。所以，教师必须为艾丹制定一套具体的方法，包括一些预防性干预策略以及告诉他不许欺负别人。虽然不是要求艾丹真的去关注别人的感受，但教师可以限制他的行为。

比如，在玩篮球这件事上，教师可以和儿童待在一起，监督并创造机会让每个儿童都能轮流投篮。针对艾丹，可以尝试让他在必须让别的孩子投篮之前连续投几次。当轮到别人投篮时，教师可以交给他一些别的任务，比如，可以让他学习运球或者和老师玩抛接球，等等。

在点心时间，教师可以提前和艾丹商量他想坐在哪里，或者在老师旁边为他安排一个固定的座位。意识到艾丹不懂得为自己做出正确的选择，将有助于教师采取干预措施以帮助他在教室里获得成功。

一旦成功解决了艾丹的一些不适宜的行为模式之后,过一段时间,教师就可以告诉他,当他伤害别人或者不顾别人时,别人有什么样的感受。在这个过程中,让艾丹看着同伴的脸并辨识脸上的表情是有帮助的。比如,你可以说:"你觉得乔纳森现在看上去怎么样呢?他感到难过。"即使艾丹显得无动于衷,但认知到自己的行为对别人造成了影响是培养其反思能力的第一步。教师还可以加上这样的评论:"你或许能想到什么办法让乔纳森感觉好一些。如果你想到了办法,我相信乔纳森肯定会很高兴。""或许"这个词让艾丹可以做出选择,让他更具自主权。

当成人坚持要一个儿童去关注另一个被他伤害的同伴有何感受时,这个儿童常常会表现出防备性或者不理会。当教师只向儿童展示同伴的感受,并不坚持要求他做什么时,这个儿童反而可能会开始关注。儿童不喜欢被迫以某些方式行事。他们想要拥有一些控制力。当教师建议而不是坚持要求儿童关心同伴时,儿童更有可能自主选择这么做。对于教师来说,通过设置限制或表现出不满、不认可来回应艾丹的每个不当行为,其实并不难。即使不需要阻止艾丹伤害别人,但是了解艾丹行为背后的原因,制定减少干预的策略也是很重要的。这种以成功为目标的提前计划要求教师反思和思考,但是它可以预防儿童出现叛逆行为,也有助于创设一个更平稳运行的班级。

合作游戏

学龄前阶段的一个重要发展领域就是合作游戏技能。年幼的学步儿主要开展平行游戏，他们彼此挨得很近，使用相似的材料，但并不发生互动。到了2—3岁时，儿童开始进行联合游戏，他们也是彼此挨得很近，玩相似的材料，但会对彼此正在做的事情或者玩的游戏进行简单的交流。在学龄前时期，儿童开始从联合游戏进入合作游戏阶段，这时他们会一起讨论和计划玩什么游戏，会商量如何使用材料，也会协商想象游戏中的角色分配问题。

学习计划玩什么和怎么玩并把这些想法付诸行动，往往不是一个顺利的过程。在有效开展合作游戏的道路上，儿童常常需要解决很多分歧和冲突。认识到儿童的这条重要的发展路径充满坎坷，有助于教师对儿童抱有合理的期望，并且以关心和支持的态度，而不是沮丧和急躁的情绪来应对儿童的冲突。

4岁的考特妮喜欢待在娃娃家玩，而且她对娃娃家的游戏角色应如何分配已有了清晰的想法。一天，戴维和埃利奥特打算把娃娃家打造成消防站。当他们忙着清洗软管、准备头盔以防被叫去灭火时，考特妮走了过来，她想为她假想的家庭准备午餐。

男孩们立即表示反对，坚持认为这里不是某个人的家，而是消防员工作的消防站。考特妮也不愿意，于是他们大声地争论起来，考特妮大声叫道："不！这就是我的厨房，不是消防员的消防站！你们可以去那边玩！"男孩们态度很坚定，拒绝离开。

意识到这是一个儿童学习如何解决问题的好机会，于是，教师在聆听了儿童对所发生事情的解释后，提出了一个可行的解决办法："让考特妮当消防站的厨师，给消防员们做午饭怎么样？这样，你们就都可以在这里玩了。"男孩们质疑女孩是否可以在消防站里工作，教师向他们保证女性也可以成为消防员，他们听到后就放心了。对于不能在娃娃家的厨房里扮演妈妈的角色，考特妮有点儿纠结，但是男孩子们游戏的热情以及她自己想成为厨师的决心占了上风。

当然，解决这种游戏问题的方式还有很多。值得称道的是，这位教师的关注点是保证每个想玩想象游戏的儿童都有机会参与。她向儿童示范了如何做出妥协、如何扩展游戏。如果这位教师因为男孩们先到，就让考特妮去玩别的，或者因为考特妮和男孩们无法解决这个冲突，就让他们都离开娃娃家，那么孩子们就错失了一次学习有价值的游戏技能的机会。正是因为这位教师知道学龄前儿童在发展合作游戏技能时需要帮助，所以才采取了上述案例中的措施。

有些儿童不善于和同伴进行互动游戏。当他们总是自己玩，不愿意接近其他儿童并参与到他们的游戏中时，教师常常感到很担心。对于某些儿童来说，独自游戏是适合其发展水平的。如果一个3岁的儿童更愿意自己玩，那么教师不必强迫他进行互动游戏，除非这个儿童看上去不高兴或者很孤独。有些儿童有着丰富的想象力，他们喜欢创造一些只有一个角色的游戏情节，并且想要准确地执行他们头脑里的计划。

有些儿童不太擅长在游戏中和他人进行协商或做出妥协，但这并不能说明他们就有发展方面的问题。针对学龄前儿童，对他们抱有的一个合理的目标就是，在上学前班前，让他们拥有一些与他人一起游戏的成功经历。

全面地观察一个儿童：她在幼儿园过得开心吗？她会频繁地看别的儿童一起玩耍，并在脸上表现出悲伤或者害怕的情绪吗？她能适当地使用材料并在游戏活动中表现出一种胜任感和胸有成竹吗？当一个儿童进入学前班，如果她大部分时间仍然是自己玩，那么你就要想办法创造机会，让她偶尔和其他孩子一起游戏。你可以思考，谁和这个孩子有共同的兴趣爱好？比如，邀请别的孩子来和这个喜爱玩拼图的孩子一起玩拼图。教师可以在一天中某些特定的活动时间，根据谁和谁在一起能玩得更好来为儿童分配搭档。这种方式也可以用来中断合作效果不佳的搭档，比如，想在一起玩耍但游戏时大部分时间都在争吵的儿童。

教师可以通过向儿童介绍新的互动游戏，或者帮助儿童中止合作效果不佳的伙伴关系，来促进儿童进行有意义的游戏。富有成效的合作游戏为儿童创造了认知发展和社交技能发展方面的新的学习机会。

分享

对于许多幼儿教师来说，分享是一种核心价值观。对于幼儿来说，学习如何合作使用教室里的材料是必要的；然而，分享经常意味着要放弃自己拥有的东西，让他人拥有，这对于幼儿来说是非常困难的事情。幼儿对于自己投入精力的事物是非常依恋的，不论它是一个玩具、一个材料、一个游戏的点子，还是排队时排在第一个。分享是一种具有挑战性且需要儿童慢慢学习的品质。

有些幼儿似乎更愿意与他人分享，但是具有占有欲的幼儿也并不是品行不好或是难以相处的。对于幼儿来说，希望引起教师的关注或者想玩最爱的红色消防车都是很正常的事情，他们的感受也应该被正常对待。

查利喜欢在积木区玩黄色卸货卡车。每天的自由选择时间，他都会奔向卡车，一直玩到午餐时间。一天，格雷丝来到了积木区，也想玩黄色卸货卡车。查利大声叫着表示抗议。

一个幼儿教育机构找到了解决这类问题的有效方法。我在这个机构工作了许多年，所以我能够在较长的一段时间观察这个方法的实施情况，结果发现它从未失败过。这个方法是：如果一个儿童在教室里选择了某个玩具，那么他可以想玩多久就玩多久，即使是在整个自由选择时间内都玩也没关系。儿童在玩的过程中如果需要去上厕所，那么他可以让老师帮他看着这个玩具，以免被别人拿走。但如果这个儿童丢下玩具或游戏材料去了教室里别的地方，并开始做其他事情，那么其他儿童就可以使用这个玩具和材料了。

当格雷丝想玩查利正在玩的黄色卸货车玩具时，教师可以解释说："格雷丝，查利正在玩这个玩具。等他玩好了，再给你玩。"教师可以帮助格雷丝让查利知道，等他一玩好就要给格雷丝玩。一开始，当儿童刚开始熟悉这个规则时，教师可以问问查利："格雷丝也想玩这个卡车玩具。当你玩好了，能把卡车玩具给她吗？"有时，当一个小伙伴或者老师提出这样的问题时，那个正在玩玩具的儿童会立即把玩具让出来。但是，还是让查利想玩多久就玩多久比较好。这时，教师的任务是找点别的材料让格雷丝在等卡车的时候玩。

当然，重要的还是应尽可能在教室里投放各种各样的汽车模型或特别的玩具。如果教室里只有一辆漂亮的、黄色的自卸卡车，那么肯定会带来很多麻烦。提供充足的、具有吸引力的游戏材料，有助于减少幼儿不得不放弃玩具，以及教师反复让幼儿等待轮流的情形。

当然，如果幼儿私藏玩具或材料是为了向别的孩子逞威风，或者是为了取笑别的孩子——"哈哈，我想玩多久就玩多久，你甭想玩"，那么这是不能接受的。但是，一旦幼儿被允许想玩多久就玩多久，他们就很少会霸占玩具或取笑别的孩子。实际上，当幼儿明白他们可以得到自己想要的东西时，他们会显得更慷慨，因为他们知道是否放下玩具或材料，其决定权在自己手里。

在有些情况下，教师需要限制游戏材料的使用次数，如室外的秋千。这时，教师可以列一个想要使用这个游戏材料的幼儿的名单，这样每个幼儿都能在限定的时间游戏。但是，教师不能为了保证每个幼儿都能玩到而分配太短的时间给他们。偶尔，由于想要玩的幼儿人数太多，导致没能轮到某个在名单上的幼儿。在这种特殊的情况下，可以安排这个幼儿第二天头一个玩。

我们应认识到，从身处班集体环境那一刻起，幼儿就已经开始分享了很多东西。他们共享空间、材料以及成人的关注。分享所有这些东西，对于幼儿来说都是极具挑战性的！通过了解分享行为所具有的复杂性，教师可设定符合幼儿年龄特点的期待，制定策略支持幼儿的需求，引导幼儿在教室里表现出更积极的行为。

了解生命最初五年的发展任务，以及幼儿在集体环境中经历的特定挑战，有助于教师对幼儿抱有合理的、符合他们年龄特征的期望。与此同时，制订计划满足幼儿的发展需要，能减少教师在教室里遇到挑战性行为。当幼儿出现挑战性行为时，了解幼儿的发展水平、个性、优点和缺点，有助于教师制定干预措施，以帮助幼儿更好地发展。

问题反思

本章介绍了了解幼儿在不同的年龄段所表现出的合理的、特定行为的重要性。在思考你与幼儿一起工作的经历时，请考虑以下问题：

1. 如果你是和婴儿或者学步儿一起工作，你对他们了解吗？埃里克森所提出的发展阶段理论是怎样为你所采取的干预策略提供支持的？

2. 基于你现在的认知或者对幼儿发展的了解，你对待幼儿的方式会发生什么变化吗？

3. 如果你是和学龄前儿童一起工作，你会怎样利用埃里克森所描述的发展阶段的理论？发展阶段的理论支持你所采取的干预策略吗？

4. 你的班级中有与本章描述的幼儿相类似的幼儿吗？如果有，对与这个幼儿相处，你有没有产生新的想法？

5. 本章中描述的有关幼儿的典型发展和对幼儿抱有符合他们年龄特点的期望的内容，是否与你了解到的有关幼儿需求的信息相吻合？

6. 你已知的信息和你在本章中读到的内容是否有差异？如果有，这些新的信息对你有什么样的帮助？

7. 如果你觉得需要，修正你在第一章中列出的目标和价值观清单。

第二章 设定与儿童的发展阶段相适宜的期待

第三章

创设教室环境

幼儿教师的主要目标之一,就是在教室里鼓励和支持幼儿的积极行为。虽然教师都喜欢组织有序、布置迷人、材料充足的教室,但是许多教师看不到这样的教室与幼儿的行为之间有怎样的联系。虽然教师无法掌控教室的方方面面,比如,无法掌握教室的空间结构或者用于购买高质量家具和材料以及维修教室的资金,但是教师能够为幼儿营造温暖和受欢迎的环境氛围。

一个有吸引力且功能多样的教室环境不仅美观,而且能支持幼儿的创造性游戏和积极行为。环境作为第三位教师,可以引导幼儿自己或和同伴一起探索区域和材料。有序的、精心准备的教室环境可以为幼儿提供线索,让他们知道在教室的不同地方可以进行哪些适合的活动,以提升幼儿做出正确选择的能力。

选择学习区

思考一下，你希望在教室里设置哪些活动区。你希望在教室里通过提供体验和游戏活动来促进儿童哪些领域的发展，然后创设空间去支持儿童在这些方面的发展。下面是一些具有代表性的学习区。

- 美术区：开放式的美术探索活动有助于促进幼儿的口头语言表达能力、精细动作、自信心和创造性思维的发展。为幼儿提供丰富的美术材料，让他们独立探索或在教师的协助下探索。

  幼儿在美术探索活动中可能会弄得到处都是乱糟糟的，所以需要为幼儿提供罩衫，而且还应将这个区域安排在铺有瓷砖而不是地毯的地面上。如果有水槽，那就更好了！如果没有水槽，可提供一盆水让幼儿洗手。桌面空间要足够大，如果有画架更好。将美术材料放在幼儿容易取放的容器里，这样也便于清洁。

- 读写区：随着幼儿读写技能的萌发，他们开始受益于接触到的书写工具，如记号笔、蜡笔、铅笔、粉笔、手指、小棍等；受益于接触到的书写材料，如纸、信封、沙子、黑板、白板等；受益于环境中出现的文字；也受益于各种适合他们年龄的书籍。在这个区域摆放矮桌、架子、舒服的座椅，投放容易拿到的材料，让这个区域具有吸引力。仔细考虑这个区域的位置，把它设在一个安静的地方。

- **科学区**：这个区域可以依据幼儿的探索活动和兴趣而进行改变。为幼儿提供大自然中的物品，以及直尺、卷尺、放大镜、天平、纸、铅笔和相关的书籍，供他们使用。

- **感官区**：在感官区投放让幼儿进行感官探索的材料，如沙子、橡皮泥、水，以及管子、漏斗、饼干模具和塑料器具。感官区的活动不仅为幼儿进行科学探索提供了机会，而且能够安抚幼儿的情绪，让他们平静下来。通常，有轻度感觉缺失的幼儿容易出现挑战性行为，因为他们正在寻求感官刺激。提供感官活动来满足这些幼儿的需求，可能会减少他们的不当行为。

- **积木区**：积木游戏有助于幼儿的社会情感技能、精细动作能力、创造性思维能力和语言技能的发展，也有助于促进幼儿的空间学习。应将这个区域设置在不干扰其他区域活动且有足够空间让幼儿进行建构的地方。提供许多不同尺寸和材质的积木，以及玩具车、玩偶和小动物玩具。

- **数学区**：可提供小型的操作材料，如德宝、乐高积木、七巧板、拼图和塑料数字等。将这些材料放在井井有条的盒子里，然后把盒子置于开放的架子上。为幼儿提供可以摊开这些材料的桌面空间。

- **表演区**：这个区域可随着幼儿想象活动的变化而调整。投放服装、家庭用品、桌子、椅子、玩偶及其他道具。为了保持幼儿的兴趣，应考虑变换游戏的主题，如家、消防站、警察局、杂货店、诊所或其他能吸引幼儿兴趣的主题。

- **音乐区**：精选一些乐器供幼儿操作。提供 CD 播放器和来自世界各地的音乐，让幼儿探索乐曲和律动。如果可能，在这个区域放一面大的、不易碎的镜子，这样幼儿就能看到自己的动作。显然，这个区域会比较吵闹，所以应把它设置在远离安静区域的地方。

- **安静区**：为幼儿创设一个他们在需要冷静或独处时可以去的空间。在里面提供舒适的座位、书籍、舒缓的音乐和柔和的灯光。用架子、小地毯或户外帐篷来划定这个区域。

- **集体活动区**：提供一个较大的空间，让幼儿在圆圈活动或者集体活动时间聚集在一起。如果需要，这个区域也可以当作大肌肉运动区来使用。可以用一块大地毯来划定这个区域。

- **大肌肉运动区**：如果有足够的空间，可以创设一个穿越障碍训练场，里面放上垫子、室内攀爬架、用织物制作的隧道、大纸箱等。

布 置 教 室

当你想好要在教室里设置哪些区域后，就要好好思考如何安排它们。应将安静的区域安排在一起，让它们远离嘈杂的区域，这样有助于幼儿获得成功。将容易导致一片狼藉的区域设置在教室里便于打扫的地方。

几年前，我为一家幼儿园做咨询，在那里我观察了一个4—5岁幼儿的班级，这个班级的教室空间非常大。教师请求我观察一个不遵守班级规则且经常因为各种不当行为而陷入麻烦之中的幼儿。在开始纠正这个男孩的行为之前，教师和我需要弄明白怎样布置教室，才能在最大程度上提高幼儿游戏的有效性。

我注意到，教室中间有一处貌似没有用处的很大的开放空间。孩子们经常围着这个区域奔跑，在跑的过程中越来越兴奋，需要教师进行干预。这个空间本身就让孩子们很困惑：它不够大，无法进行大肌肉运动游戏，但是这里也没有家具和玩具。这个空间好像在对幼儿说："来吧，来我这里奔跑吧！"教室里的其他区域也没有划分得很明确，这让幼儿很难知道他们可以选择哪些游戏。

如果教室的组织和布置是合理的，那么幼儿更有可能进行有效的游戏活动，且表现出较少的行为问题。比如，在设置积木区时，要考虑把它放在一个幼儿无需担心自己的作品会不小心被撞倒的地方。这个地方应远离教室的门和一些人流比较密集的区域。而且在这个地方，幼儿在进行建构游戏时发出的吵闹声音，不会打扰那些正在看书或是需要安静的幼儿。

在学前儿童的教室里，还有一个极其有用的区域，即儿童需要冷静时可以去的区域。这样的区域应该是舒服的，让幼儿感到慰藉的。可以在里面摆放豆袋椅之类的软座位，投放可以让幼儿抱着的毛绒动物玩具、大靠枕，也许还可以来点舒缓的音乐和轻柔的灯光。通常，教师会把阅读区用作冷静区，但只有在没其他幼儿使用阅读区的时候才行。如果你愿意，还可以放一些适合幼儿阅读的有关情绪的书籍，但是要注意的是，如果幼儿可能因为沮丧而有乱扔东西的行为，那么就应避免在区域内放置坚硬的物体。

理想的情况是，这个空间是完全与其他区域隔开的。可以使用架子、橱柜和地毯来界定这个区域。为安全起见，在冷静区的幼儿应始终在教师的视线范围内，但是要远离教室里的喧哗声。幼儿在教室里拥有一个在沮丧时可以躲避的冷静区，会让他们感到安慰。这个区域向幼儿传达了教师对他们的理解、接纳和耐心。

选择和组织材料

教师在教室里投放的玩具和材料的类型是高质量游戏的关键构成要素。适合开放式游戏和探究活动的材料比只有一种功能的材料更可取。比如，可以提供各种各样的美术材料，让幼儿以自己喜欢的方式进行探索。

瑞吉欧·艾米莉亚课程模式，以其以儿童为中心的、让儿童进行开放式探索的教学方法影响了全世界的幼儿园。这一方法由很多部分组成，其中一个方面就是通过彩绘、素描、雕刻和表演游戏的方式来激发幼儿对于某一主题的兴趣。他们的教室不但被设计和布置得很漂亮，而且里面有丰富的材料供幼儿自己和在教师的指导下进行探索，令人印象深刻。

如果教室的塑料箱和开放的架子上堆满了玩具和材料，会让幼儿感到过度兴奋和混乱不堪。应仔细挑选你想让幼儿使用的材料。把计划以后要使用的材料放在幼儿看不到且接触不到的封闭柜子或者箱子里储存起来。

把活动材料以吸引人的方式放在标记得非常清楚的柜子里。摆放得整齐有序的开放式架子，有助于幼儿了解在哪里找到自己想要的东西，以及用完后将它们放回哪里。使用图文结合的标签标明盒子里所装的东西，有助于提高幼儿的早期读写技能，这样幼儿就能将东西放在适当的地方了。

一个整齐有序、材料充足、具有吸引力的教室，可以让幼儿感受到他们是受欢迎的。这样的教室鼓励幼儿自主决定探索的内容，并提供了富有吸引力的材料，帮助幼儿深度探究他们感兴趣的项目。

如果每周都玩同样的玩具，那么幼儿会感到厌倦。更换材料，将幼儿不再玩的材料拿走或者储存起来，补充常用的材料。比如，在感官区，可定期地更换材料以保持幼儿的浓厚兴趣。把恐龙或其他玩具藏在沙子中；投放多样化的感官材料，如冰块、剃须膏、木屑、干净的泥巴、水晶黏土或是各色颜料；提供各式各样的工具，如漏斗、塑料管子、铁铲、勺子和耙子等。无论在什么样的幼儿园，教师都应及时丢弃或修理损坏的物品并提供足够的材料，以便让一群幼儿可以在同一个区域游戏并拥有充足的物品。

如果你发现某个区域特别受欢迎，那么思考一下幼儿在那里可以学到什么，并提供能够满足这种需求的其他材料。比如，我在参观某个教室时，发现很多孩子都想在水桌那里玩。但是，水桌一次只能容纳4个幼儿，所以教师反复告诉其他想去玩的幼儿，他们得去别的地方玩，直到水桌这里空出位子来。不得不让许多幼儿等待，说明教师的工作存在问题。那天在教室里没有其他的感官活动可以选择，所以想玩水的幼儿不得不去参与非感官活动。在这种情况下，一个简单的方法就是提供其他感官材料让幼儿去探索，比如，教师可以提供橡皮泥、手指画颜料、一桶水或一盘沙，等等。让幼儿在游戏区域等待几分钟是可以接受的，但是当几个幼儿都挤在一个区域时，教师就应该注意了，要反思活动区、幼儿和环境是否存在问题，并做出相应的调整。

当我在另一所幼儿园接受咨询时，有位教师对孩子们不愿去表演区玩表示很担忧。教师设置这个区域是为了推进娃娃家游戏。我去这个区域观察后发现，布娃娃的床上放了好几个没穿衣服的布娃娃，而且床上既没有毯子也没有枕头。布娃娃的衣服和幼儿玩角色扮演用的服装混在一起，都被胡乱地塞到了柜子里。冰箱和水槽里堆着锅碗瓢盆和食物玩具。到处都是乱糟糟的！

我建议教师重新布置这个区域，将材料整齐地放到幼儿易于取放的箱子里，并在箱子上面贴上图文结合的标签。幼儿喜欢给布娃娃脱衣服，但给它穿衣服有点困难。我们一致同意，由教师在每天结束的时候给布娃娃穿回衣服。教师在布娃娃的床上放了毯子和枕头，也找了一些多余的布娃娃，然后把这些布娃娃放到柜子里，以备万一有一天有更多的幼儿想玩。午休的时候，教师对表演区进行了整理，就在那天下午，孩子们又重新开始进行表演游戏了。整洁有序的空间能够吸引幼儿。

有人可能会想，幼儿不去表演区游戏有那么重要吗？毕竟，幼儿有选择游戏的权利，而不去表演区玩正是他们做出的选择。但是请记住，表演区是复杂的想象性游戏开展的中心，它有助于幼儿社会性和情感技能的习得。如果这个区域是闲置的，那么幼儿将会错失重要的游戏体验。

可以通过改变主题来保持表演区的新鲜感和吸引力。考虑开设一个冰激凌店、兽医诊所或者比萨店。为不同的主题准备道具箱；当你发现幼儿的兴趣开始减退时，应适时地更新或改变区域。从本地餐馆收集用于幼儿游戏的材料（比如旧菜单）是一件很容易的事。旧的蓝色衬衫可以用作警察制服，用硬纸板做成的星星可以当作徽章，带铅笔的垫纸板可以放在餐厅用来点餐或放在警察局用来开罚单。

拿出一个道具箱，帮助幼儿创设区域。虽然支持幼儿的独立选择是一个好主意，但是给他们视觉提示，让他们发现新道具的潜在功能，也是有帮助的。比如，打开比萨店里的道具箱，从里面拿出格子桌布铺在桌子上并摆上菜单。然后让幼儿自己去翻道具箱里的其他材料，并决定如何使用它们。这样的视觉提示会激发幼儿的想象力并吸引他们。

让幼儿参与高质量的、引人入胜的游戏是首要任务。教师应时刻留意，做出必要的改变，以确保幼儿通过那些适合他们的探索活动来满足自己的需求。

使用和维护自己的教室

脑科学的研究表明，学龄前儿童的大脑正在迅速发展新的神经通路并建立连接，以帮助他们理解和掌握自己的经历和感受。一个具有适当刺激且舒适的支持性环境能够促进这些连接的快速发展。

玛利亚·蒙台梭利（Maria Montessori）在20世纪初提出的蒙台梭利教学法，强调了利用物理环境来支持幼儿学习的重要性。由此，材料和环境的布置得到了极大关注。幼儿也开始被教导如何爱护、尊重、适当地使用和储存游戏材料。

许多幼儿入园时并不知道如何使用和爱护游戏材料，这就需要教师示范和解释该怎么做。当幼儿知道可以使用哪些材料以及如何使用和储存它们时，他们就会更加爱护这些材料。

比如，在水桌游戏时，有些幼儿可能需要教师进行直接的指导，这样他们才能学会如何使用水桌，而不是表现得过度兴奋。对于某些幼儿，给他们一桶水（或者一桶沙子）和其他游戏材料或许是一个更好的选择，这样做可以帮助他们在活动中保持平静。观察幼儿与材料之间的互动，反思你所看到的场景，并思考幼儿的挑战性行为或误用材料背后的原因，将促使你想办法帮助幼儿表现出更积极的行为，帮助幼儿做出正确的游戏选择。提供可视信息，让幼儿了解在特定区域内可以做些什么。比如，在操作区，把装着德宝积木的箱子放在桌子上，将几块积木拼在一起，让幼儿知道在这里能做什么。

利用大肌肉运动区或者集体活动区在室内开展各种形式的大肌肉运动游戏。幼儿需要身体活动。根据疾病控制和预防中心的建议，每天进行至少60分钟的身体运动，有助于幼儿更好地集中注意力。此外，许多学龄前儿童，尤其是男孩，是通过动作或肌肉运动来学习的。不论是在室内还是室外，幼儿都需要拥有释放自己精力的出口。

许多教师都比较擅长组织精细运动活动以及室内较安静的游戏，这些偏好可能会影响他们对幼儿园室内游戏应有的期待。虽然大型积木区为幼儿提供了进行大肌肉运动活动的机会，但是在室内开展大肌肉运动活动还需要借助其他途径。教师会发现，他们经常提醒男孩保持安静、轻轻走路、不要在教室里和朋友摔跤等。这些表明，我们需要寻找更多的方法来定期满足幼儿在室内进行大肌肉运动活动的需求。

胡安是一个4岁的孩子，他喜欢在教室里以喧闹和冒险的方式玩耍。有时候，他会让自己处于危险的境地，比如，爬到积木柜子上再跳下来。其实他知道不能这么做，但是他无法克制自己对身体运动和大肌肉运动游戏的喜爱。老师对于胡安的行为非常恼火，想知道如何约束他，保证他在教室中的安全。

所有的幼儿都需要有机会参加室内和室外的大肌肉运动活动。胡安可能比其他幼儿需要更多的运动量。其实，有多种方法能让他在幼儿园里安全地活动。一种方法是，在大肌肉运动区使用摔跤垫，创设穿越障碍训练场。胡安可以用双脚跳、翻滚、单脚跳等多种方式穿越障碍。还可以增加一个用织物制作的隧道或者大的、敞开的家用电器包装箱，让胡安和其他幼儿可以爬进爬出。通过为胡安提供清晰的关于穿越障碍训练场的使用说明并监督他，教师表明了她了解胡安对身体运动的需求。

另一个简便的大肌肉运动游戏是在地上贴两条彼此相隔几步远的不透明胶带。幼儿可以在两条线之间反复地奔跑、双脚跳或单脚跳。然后，可以将两条线的距离拉远一点，并增加丢沙包的内容。幼儿可以来回奔跑，将沙包丢到塑料桶里。不论你在教室里组织哪种大肌肉运动活动，都请记住，要保证活动是有组织的和被监督的。明确告知幼儿你的期望，促使他们成功。

成功的一日生活作息安排和过渡环节

当你反思了你想在教室里设置的学习区，精心设置了这些区域，并提供了适宜幼儿发展的材料后，接下来就是鼓励幼儿去探索了。在管理班级时，教师需要做的最重要的决定之一就是如何安排班级的一日生活。就像教室本身的空间结构和布置一样，一日生活作息时间表为幼儿每天的活动提供了框架。帮助幼儿了解一日生活作息时间表的内容。提供可视的线索，比如图片式的时间表，并常常使用它。

仔细考虑活动的开展时间，思考对于班上的幼儿来说什么适合他们的发展水平。比如，幼儿无法一次坐着不动专注于一个故事很长时间。所以，在圆圈活动时间，不要安排一个需要花15～20分钟时间才能读完的故事。可以把一个故事分成若干段，分在几个圆圈时间阅读。如果幼儿在精细运动中很难集中注意力，那么可以预先考虑安排一个小间歇，让他们舞动起来。

过渡环节对于幼儿来说是具有挑战性的。许多幼儿在完成一项活动后、开始另一项活动前可能会感到无所适从，缺乏安全感、焦虑，而且有可能出现问题行为。在设计一日生活作息时间表时，应限制过渡环节的次数，越少越好。在活动结束前几分钟提醒幼儿，让他们明白一会儿就必须结束游戏去进行别的项目了，并让他们逐渐习惯这种做法。

每个过渡环节都具有自身的挑战性。比如，自由游戏后的整理环节就具有一定的难度。当一个人玩得正高兴时，让他停止游戏是很困难的，而且操作材料比收拾材料要有趣多了。鼓励幼儿同伴间相互学习，认可幼儿的帮忙行为。可以考虑通过唱歌的方式来认可幼儿的帮忙行为："乔伊正在整理呢！莱克莎正在整理呢！萨拉正在整理呢！"虽然这样的认可能够起到激励作用，但是要避免指责那些在过渡环节有困难的幼儿。要避免创设竞争性的班级氛围，防止幼儿相互攀比。尝试利用强化物来了解哪种方法对你的班级幼儿有效。支持幼儿学习如何应对过渡环节。比如，有些幼儿在帮助老师清理特定区域时表现得很好，而有些幼儿则会独自或者和一个小伙伴一起清理。

对于幼儿来说，入园和离园时段往往是压力很大的时候。想出一些办法让幼儿轻松度过这些时段。比如，有的幼儿园会组织晨间户外活动，让3岁幼儿的一天从户外活动开启。家长把孩子带到操场上交给老师，在那里道别。这样教师就不必之后再让幼儿穿上衣服去户外了，也能帮助幼儿缓解分离焦虑情绪。同样，这所幼儿园将4岁幼儿的离园环节也安排在了户外。家长可以在操场上接孩子，这样教师就不用再哄幼儿穿上衣服离开教室了。

在过渡环节，另一个令人头疼的问题是等待。让幼儿无所事事地等待很长时间，对于他们来说是很困难的。仔细设计你的一日生活作息时间表，尽可能地减少等待次数。如果幼儿必须等待，请提供一些东西来吸引他们的注意力和消耗他们的精力。比如，整理环节过后，全班要动身去室外活动了。有些幼儿可能已经做好了出去的准备，但他们得等待那些还在进行整理的幼儿。这时，可以考虑安排一个过渡活动，比如，让幼儿挑选图书阅读，把门口的一篮子减压小玩具拿给幼儿玩，组织幼儿唱首歌，或者带领他们一起做一个手指游戏，等等。

这种方式也适合集体活动。比如，幼儿在参与圆圈活动前必须洗手，有的幼儿可能会在水池边磨蹭，有的幼儿可能需要帮助才能洗干净手。为了避免洗完手的幼儿乱跑和出现破坏性行为，可以为他们提供玩具小汽车，让他们在等待的同时在地毯上玩。当所有幼儿都洗好手后，可以利用一个音乐律动活动让他们动起来。当圆圈活动结束时，可以借助一个过渡活动来帮助幼儿进入下一个项目。比如，可以让穿绿色衣服或者穿蓝色鞋子的幼儿先到活动区，这样有助于幼儿平静地过渡到下一个活动。

　　与幼儿在一起，教师不仅需要遵循精心制订的一日生活作息时间表，还应具有灵活性，愿意根据需要做出调整。如果教室的布置可以支持幼儿的主动性发展，并让他们对自己实现想法和影响周围环境的能力更自信，那么幼儿就能表现出适宜的行为。将环境当作第三位教师预先设计，以帮助幼儿获得成功。思考哪些方法能帮助你创建一个支持幼儿探索和学习的教室。

问题反思

1. 思考你的教室结构。
   - 你的教室设置能够支持高质量、高效的幼儿游戏吗?
   - 教室里的学习区是否界限清晰,布置得有条理,以便让幼儿很容易地知道他们可以选择哪些活动内容?
   - 幼儿可以很容易地在各个学习区之间走动吗?
   - 安静的区域远离吵闹的区域吗?
   - 幼儿是否清楚地知道哪些区域是可以使用的,哪些区域是不能使用的?
   - 如果幼儿在穿过教室和选择游戏时有困难,那么你该如何重新布置教室来解决这个问题呢?

2. 思考幼儿可以使用的材料。
   - 材料和玩具都是完好无损的吗?
   - 材料都摆放得整齐和有条理吗?
   - 箱子上是否清楚地贴上了标签,以便让幼儿知道材料在哪里?
   - 你是否控制了材料的数量,以免幼儿被过多的选择所淹没?
   - 你是否经常更换材料以激发幼儿的兴趣?
   - 你是否为感官探索活动提供了多种材料,如一个沙水桌、橡皮泥、手指画颜料、减压小玩具等?

3. 思考你的班级一日生活作息时间表。
   - 幼儿是否清楚地了解了一日生活作息时间表并预先知道每个活动?
   - 活动的顺序和时长是否适合幼儿的发展水平?
   - 你是否限制了过渡环节的次数?
   - 幼儿是否能轻松地度过过渡环节,或者说是否有些过渡环节对幼儿来说更具挑战性?
   - 你会做出哪些改变或调整以帮助幼儿更顺利地度过过渡环节?

4. 如果你觉得需要,修正你在第一章列出的目标和价值观清单。

第四章

家园互动

大多数幼儿教育工作者都明白，与家长沟通并与之建立合作关系对于满足幼儿的学习需求是很重要的。然而，他们并不太清楚这样的关系应该是怎样的，以及如何去建立这种关系。积极的家园关系的本质可归纳为三个词：沟通、尊重和信任。

当家长感到被尊重，并从对他们的看法和观点感兴趣的教师那里获得明确、持续的交流时，他们就更有可能信任教师，愿意与教师合作和参与幼儿园的活动。你与家长的联系从他们为孩子报名登记的那一刻就开始了。园长不仅需要和家长交流幼儿园的教育理念和方法，还应与家长讨论他们的担忧、他们最关心的问题和他们为孩子设定的目标。

从入园过程开始

园长应利用入园过程，明确告知家长幼儿园的章程、惯例和对幼儿的期望。教师和园长不但应了解幼儿的成长史，还应了解幼儿家庭的文化背景、传统、语言和教育期望。有些幼儿园通过入园表格了解家长愿意与其他幼儿分享的食谱、故事和歌曲。通过这种方式，幼儿园向家长表明他们的参与是被重视和受欢迎的。在入园表格上，很多幼儿园都会提出这样一个问题——"你希望我们为你的孩子做些什么"？这使得家长能敞开心扉表达他们对孩子获得学习技能的期望，并提供了开放式对话的机会，让幼儿园和家长可以讨论幼儿园的方法、价值观和惯例，教授幼儿数学和语言技能的适宜方法，以及高质量游戏活动的价值。与家长沟通的关键在于面对面的交流。在幼儿入园时或入园后不久就安排会面，能让园长和教师表达幼儿园想与家长建立相互尊重关系的意愿（幼儿入园表见附录）。

乔治是一个刚刚进入全日制幼儿园的3岁孩子。他对参与游戏活动比较犹豫，喜欢在一旁观察。户外活动时间，乔治的老师迈克尔发现乔治正在观看别的孩子滑滑梯，就走过去对他说："你妈妈告诉我，你最喜欢的公园在离你们家一个街区的地方，那儿有滑梯吗？"

乔治的眼睛亮了起来，说："有，比这个还大呢！"

迈克尔老师鼓励乔治试试幼儿园的这个滑梯，然后说说他的想法。

乔治爬上滑梯后说："我的滑梯有更多的台阶！"然后，他高兴地滑了下来。

乔治的老师善于利用家长在入园表格上填写的信息。了解乔治在家里的生活情况，使得迈克尔老师能够帮助乔治将在家里舒适、安全的感受和在幼儿园的新生活联系起来。这种移情联系有助于建立信任。当乔治的妈妈来接他时，迈克尔老师可以把他与乔治关于公园的对话分享给她的妈妈听，让她知道乔治在幼儿园参与了户外活动。乔治的家人知道他适应了幼儿园，很可能会觉得欣慰和感激，信任也由此开始建立。

教师还可以通过哪些途径来建立这种积极的关系呢？明确地传达班级的价值观、惯例和常规也是非常必要的，而且以多种方式传达这些信息尤其有用。

把需要家长配合的班级惯例和常规列在一张单子上，在幼儿入园时向家长清楚地解释上面的内容。清单上可以包含以下信息：

- 在幼儿园备一套换洗的衣服。
- 关于幼儿从家里带来的玩具的处理。
- 带点零食和其他吃的。
- 如厕规定。
- 午睡活动。
- 班级宠物。
- 生日和其他庆祝活动。

不是把清单交给家长就完事了，你还要尽可能与他们一起讨论并给他们提问的机会，因为送孩子登记入园是一件很琐碎且令人有点不知所措的事情。以口头形式和书面形式传达班级要求，并在稍后的简报和电子邮件里不断重申。然而，即使用最条理的方式与家长沟通，以最友好和尊重的方式传达，家长也未必会遵守。这时就要靠教师的智慧了。

马德琳是一个精力充沛、喜欢画画的3岁孩子。虽然穿着工作服，但她总是把颜料弄到衣服上，然后就得换衣服。她的家长已经好久都没给她在幼儿园里备换洗衣服了，所以教师不得不经常在她画画后，为她找干爽的袜子或T恤穿。

这天在放学时，老师来到马德琳的妈妈面前，热情地告诉她："马德琳就是一个小毕加索！她真的很喜欢画画！她一天能画三幅漂亮的、色彩丰富的画，我对她的用色印象深刻！你也知道，她常把颜料弄在衣服上。咱们能共同计划一下，为她每天多备一套衣服吗？我们得保证她在画画后是干爽舒服的。"

在这个案例里，老师对马德琳的积极关注有助于吸引家长参与合作。但是，对于某些家长来说，在幼儿园里留足够的备用衣服也许是有困难的。依靠你的判断力和敏感度；必要时，可以使用幼儿园里的紧急备用衣物。你对每个幼儿情况的了解和反思，有助于引导你进行家园互动。

保持沟通顺畅

家园沟通的另一个重要方面，是要让家长知道幼儿一天的在园表现。有时候这很难做到，因为当天大部分时间和幼儿待在一起的教师未必是负责离园工作的教师。有些幼儿园要求幼儿的主班教师针对幼儿当天的表现写个简短的评语，在家长来接孩子时交给他们。如果来接幼儿的不是家长或监护人，或者幼儿使用其他交通方式回家，那么就应与家长定期沟通并保持积极的联系。对于有些家长来说，每周一次电话或一封电子邮件就可以维持沟通。

给家长的反馈应尽量具体，比如："特洛伊帮助玛利亚把掉在地上的蜡笔捡了起来。另外，他在户外打篮球时玩得很开心。"家长需要知道孩子在幼儿园的行为表现。让他们知道幼儿正面行为的细节，这样当需要传达负面信息时，他们会更容易接受。你与家长一旦建立了一种信任的关系，那么他们就不会做出防御性反应。如果你正在应对一个有挑战性行为的幼儿，那么最好每天都传达一些正面的信息给家长。

这种具体、详细的沟通是家长很喜欢的，能让他们获得大量的信息，同时也为家长向教师提供信息做出了示范。如果幼儿家里发生了重要的事情，教师也希望家长能告知。任何能影响幼儿在园的表现、能让教师更好地了解幼儿的信息都是有价值的信息。当家长定期收到老师的具体反馈时，他们会更愿意分享这类信息。

鼓励家长参与

可以邀请家长来园分享他们最喜爱的家庭故事或者文化传统。这是向家长表达尊重、与他们建立信任关系的有效方法。有些家长相对有更多的时间参与幼儿园的活动,但是即使那些时间非常有限的家长也能够分享一本他们喜欢的假期读物或者一道传统食物的菜谱。争取让家长知道,幼儿园认为他们的生活经历非常宝贵,老师很乐意与孩子们一起分享这些经历。

在我曾经工作过的一所幼儿园里,有个来自瑞典的家庭,他们每年都会以特殊的游戏形式庆祝"五朔节"。他们会用彩色的长带子装饰五月柱,并围着它跳舞。这家人想知道他们是否可以和园里的幼儿一起庆祝这个节日。教师同意并规划了"五朔节"庆祝活动,还准备了一道特别的点心。

在另一所幼儿园里,有个幼儿在班里分享了寒假跟随家人一起回牙买加老家的经历。她描述了自己在海里游泳的情形,还把在海滩上收集到的贝壳带给大家看。因为这所幼儿园位于芝加哥地区,所以孩子们对于冬天在海里游泳感到很好奇。教师抓住了幼儿的兴趣点,决定在教室里建一个"牙买加"。他装饰了教室,在教室的墙上挂上渔网,将用塑料制作的海洋生物放在里面。他把贝壳藏在沙桌里,在幼儿进行常规活动时播放那个幼儿的妈妈提供的牙买加音乐。那个妈妈还准备了芭蕉让大家品尝,教师甚至弄了个婴儿游泳池让孩子们玩!

教师不仅创设了一个吸引幼儿深度参与的生成课程,还巩固了幼儿、母亲和幼儿园的联系。这是一种多么好的尊重多元文化和多元生活经历的方式!

只有在教师的精心策划下,这类特殊的家长参与活动才能获得成功。与家长一起组织活动，有助于幼儿的参与。这是值得付出努力的。分享不同文化和经历有助于营造一种集体归属感，并教会幼儿面对并接纳差异。

建 立 信 任

除了让家长直接参与幼儿园的活动外，教师还可以使用多种方式，表达对他们的尊重和关心，从而与家长建立信任关系。早上当幼儿进入教室时，教师会很自然地跟他们打招呼，但别忘了也向家长问声好。向每个家长问好，表达的是对家长的尊重。甚至只要简短的一句"早上好，海伦"就可以了。这种简短快速的沟通让家长了解到，教师关心的并不仅仅是幼儿。

分离焦虑

教师如何处理幼儿和家长的分离焦虑情绪，是建立信任关系的另一个契机。如果教师可以帮助家长了解分离过程的重要性，那真是帮了他们一个大忙。支持幼儿和家长顺利地度过这一过程，有助于巩固亲子关系，并建立起他们与幼儿园之间新的联系。教师和家长常常试图加快完成分离过程，然而，这样做反而会错失一个促进幼儿心理健康发展的良机。

对于许多幼儿来说，进入幼儿园意味着他们第一次在家庭以外的地方待很长时间。他们将发现家庭之外的一个新世界，里面有陌生的成人和环境。虽然这会让他们感到兴奋和好玩，但他们也常常因为熟悉事物的改变而感到焦虑。让幼儿体验和表达他们的感受，并从爱护他们的成人那里得到安慰，这样他们能够完全掌控自己的情绪。不要试图通过加快分离过程来忽视他们的感受。

将幼儿的经历和成人在生活中的分离感受进行对比，有助于你更好地理解幼儿的分离情绪。有朋自远方来时，我们会非常珍惜和朋友在一起的宝贵时光。在朋友临走的前一晚，我们通常会感到焦虑或悲伤。这就是成人感受到的分离情绪。对于大多数成人来说，一旦朋友离开，悲伤或焦虑情绪就会随着日常生活的恢复而逐渐消退；预期分离的到来才是最令人痛苦的地方。对于幼儿来说同样如此：预期分离的到来和分离的当下是最让人难以忍受的。这也是许多教师试图缩短分离时刻的原因。他们的初衷是可敬的，但要想让幼儿掌控这些情绪，必须让他们自己经历和克服它们。教师与其试图加快分离过程来回避幼儿的这些情绪，不如让幼儿去感受和表达它们，并让他们从爱护自己的成人那里得到安慰，这样更有助于幼儿完全掌控这些情绪。

以下这些策略可以帮助幼儿和家长掌控分离情绪：

- **制订计划，帮助幼儿逐步适应幼儿园。**入园伊始，鼓励家长在幼儿园陪孩子待一段时间再走。幼儿园可以通过多种方式做到这一点。有的幼儿园会让班里的一半幼儿和家长先入园，并且缩短幼儿第一天入园的时间。还有的幼儿园在幼儿第一天入园时，邀请父母在幼儿园待半天，并在教室后面为父母准备些椅子，以防幼儿不止一天需要爸爸妈妈陪伴。虽然大部分幼儿很快就能适应幼儿园，但也有些幼儿需要更长的时间。教师必须对每个幼儿的需求体察入微。如果幼儿的父母不能陪伴孩子入园，那就鼓励他们邀请祖父母或其他亲近的家庭成员来园，帮助幼儿尽快度过适应期。如果其他家庭成员也都没空陪孩子，那就请家长在第一周每天都早点来接孩子。发挥你的聪明才智去寻找应对不同情形的有效方法。

- **给家长提供支持。**有时，幼儿似乎很快就适应了幼儿园的生活，但是家长还是希望留下来"以防万一"。在这种情况下，或许需要支持的是家长。这时，可以让园长或者同事帮助家长应对分离焦虑。安慰徘徊的家长，告诉他，孩子正在很好地适应幼儿园，他可以离开教室了。让家长在走之前跟孩子简短地道个别。

- **建立晨间道别常规。**即使对于能较好适应幼儿园的幼儿来说，早上与家长相互道别也比家长直接溜出教室要好。当幼儿已经投入游戏中时，家长溜出教室貌似是一个便捷的解决方法；但是，稍后，当幼儿环顾四周发现家长不见了时，他会变得很不安。建立幼儿可依赖的始终如一的道别常规。比如，针对坚持要求三个吻或一个以上谜语的幼儿，你可以提醒家长给幼儿一个谜语、两个吻和一声再见。与家长沟通，建立一个简单的道别常规，并支持他们坚持遵循这个常规。

- **鼓励家长带上一张全家福。**许多幼儿园要求家长带一张全家福交给幼儿园。可以把这些照片做成拼贴画,粘贴在教室的墙上,或者让幼儿将照片放在自己的柜子里,当他们需要安慰时可以拿出来看看。另外,还可以考虑在入园之初,请幼儿和家人合影。然后,把照片打印出来放在幼儿园。

- **提供有关儿童依恋和分离焦虑的书籍**。为幼儿阅读有关讲述分离情绪的书籍,一方面确认幼儿的感受,另一方面告诉幼儿,他们的这些情绪是被理解、被接受的,而且他们能够控制这些情绪。有许多讲述分离焦虑的图书,比如,奥德丽·佩恩的《妈妈的爱心吻》(The Kissing Hand)、帕特里斯·卡斯特的《隐形的线》(The Invisible String)。

- **和幼儿谈论家庭成员**。通常,教师不愿意在幼儿园与幼儿谈论他们的家人,尤其是当幼儿刚开始适应幼儿园的生活时,担心这样会扰乱幼儿。然而,如果教师在幼儿园没有提及幼儿的家人,幼儿可能会认为自己不该去想念家人。"妈妈正在工作,你觉得她正在电脑上工作吗?"或者,在午餐时提到,"我想知道爸爸今天中午吃什么"类似的话,能够让幼儿安心。向幼儿强化这个观点:他们对家人的思念是被认同的,他们对家人的依恋是被重视的。

- **鼓励家长给幼儿写纸条**。针对有较强分离焦虑的幼儿,教师可能需要其他的策略。请家长为幼儿写一个告别的小纸条。必要时,教师可以读给幼儿听。纸条上的话可以安慰幼儿，比如："今天你在幼儿园上学的时候，妈妈正在商店里工作，帮助别人为他们的家人买食物。我知道你会很快乐地画画、听故事和在外面玩耍。下午你吃完点心后就能看到我了。我要给你一个大大的拥抱！我非常非常爱你！"当幼儿感到孤单时，可以把纸条上的内容念给他听。

- **让幼儿口述给家人的纸条。**当幼儿感到伤心、生气或想立即见到父母时，教师可以帮助幼儿给家长写纸条。幼儿想说什么都行，幼儿怎么说教师就怎么写，不需要评判：

教师：你想和妈妈说什么呢？我可以写下来，然后我们一起把纸条放在你的更衣柜里，这样妈妈来接你的时候就能看到了。

幼儿：我希望在幼儿园的时候，你能一直和我在一起！我希望和你还有小宝宝待在家里，我不想上学！

通过逐字逐句地记下幼儿的话，你能够确认幼儿的感受，即使你不太可能总是根据幼儿的感受或者按照他说的做。把写好的纸条念给幼儿听，让他知道你明白妈妈不在时他在幼儿园过得很不快乐。然后，找一些有趣的事情请他和你一起做，比如，能让不安的幼儿感到安心的感官活动。

所有这些策略都是为了支持幼儿和家长控制分离焦虑。当你细心地应对这个过程时，幼儿就能更好地适应幼儿园环境，家长也会对你产生信任。请注意，有些幼儿一开始适应得很好，但在生病、放假甚至过了个长周末回来后却开始哭闹，这也是正常的。这些都是幼儿心理健康发展的一部分，你的耐心和理解将有助于幼儿更快地向前发展。

具有挑战性的家长

有时，教师会对自己与幼儿家长的关系感到沮丧。在面对一位具有挑战性的幼儿家长时，你应努力理解对方的观点，保持沟通渠道的畅通。

家长最初感到不舒服，不信任幼儿园和教师，有多种可能的原因。比如，有的家长可能对于如何抚养孩子有很明确的想法。有的家长自己的受教育经历可能不那么美好。有的家长的文化背景可能与教师的迥异，他们有自己的信仰、期望和养育子女的方法，教师应努力理解他们。从幼儿入园开始就与家长建立和保持开放的沟通，有助于家长和教师找到合作的路径和解决分歧。请记住，你们有着共同的目标——让幼儿好好成长。

家长的不情愿和抵触情绪多与教师无关。一般而言，家长的情绪来源于他们自己的生活经历。积极向前，寻求共同点。当教师和园长努力与那些最初交流态度不太友好的家长建立积极的联系时，就能有效地帮助家长克服消极情绪。

卡伦是一个在家没有午休习惯的3岁幼儿。她在一所全日制幼儿园就读，根据政府的规定，这所幼儿园每天必须安排固定的午休时间。卡伦的父母并不希望她在幼儿园午休，怕因此影响她晚上的睡眠。

午休时间，当幼儿园寝室的光线变暗，幼儿躺在自己的小床上没有东西可玩时，即使在家不午睡的幼儿，有时也会很快睡着。这可能会导致有些幼儿的睡眠时间变得紊乱，而辛苦了一天的父母会因为孩子不能在适当的时间睡觉而感到不快。

有所幼儿园找到了一个创造性的解决方案，兼顾了家庭和幼儿园的要求。他们先把别的小朋友安顿好，再让那些在家没有午休习惯的幼儿上床。他们请家长为孩子准备了一个特殊的背包，里面放了一些能让幼儿在休息时间安静玩的材料，如贴纸书、特殊记号笔、连线书等。这些背包只能在休息时间才能拿出来，所以幼儿会认为它们很特殊。此外，这些幼儿也是第一批被叫醒起床的。这样一来，这些幼儿的午休时间就被缩短了，他们安静地游戏，并没有睡着。

亨利正在发烧，看上去很痛苦。幼儿园给他妈妈打了电话，过了几个小时，他的妈妈急匆匆地赶来了。园长提醒她，孩子在退烧24小时后才能返校。

第二天早上，亨利的妈妈带着他来到幼儿园，脚步匆匆地走向教室。这时，老师跟她解释说，孩子不能这么快就回到幼儿园。亨利的妈妈坚持说亨利前一晚就退烧了，而且他现在状态很好。她解释说，她今天必须去上班，不然就会丢了工作。

孩子生病，家长没法照顾，也没有其他人可以托付。对于家长的这种处境，教师真的非常同情。但是，当一个生病的幼儿来到幼儿园后，其他幼儿很有可能会被传染。上述案例中，教师温和而又坚定地请家长把幼儿带回家。在之后的家长会上，园长重申了幼儿园关于让生病的幼儿留在家里以防止传染给别的幼儿的规定。

教师始终如一地执行幼儿园的类似规定有利于维持与家长的积极关系，家园之间也容易建立相互信任和尊重的坚实基础。要与家长建立伙伴关系，教师需要根据具体情况灵活应变，在不损害幼儿园利益的前提下适当调整幼儿园的惯例。当无法做出调整时，教师有责任解释清楚其中的原因。

威尔是个挑食的孩子。如果他不喜欢当天的午餐，他的父母就会让他带一个花生酱三明治来，尽管幼儿园规定不允许带花生食品来园，因为它会导致幼儿过敏。

由于花生过敏是一个常见的问题，所以许多幼儿园都严禁花生酱。在这个案例中也不应有例外，因为这关系到其他幼儿的安危。教师需要向家长解释这一规定，并保证会有孩子喜欢的食物供他选择。

泰勒患有哮喘病，寒冷的天气常常会引起哮喘病的发作。他的父母要求冷天里让他待在室内玩。

这有点儿难办。虽然有些幼儿在寒冷的天气里容易引发哮喘病，但是在户外活动时间，大多数的幼儿园都无法为待在室内的个别幼儿配备专门的人员。在这个案例中，教师向家长解释了这种情况，并和他们一起想出了解决问题的办法。他们商量了多种办法：

- 让泰勒在户外时间选择较安静的活动玩，而不是到处乱跑。
- 在进行户外活动之前，先让泰勒接受哮喘治疗。
- 在寒冷的天气里，让泰勒最后一个走出教室和第一个回到教室。

大多数情况下，幼儿园一天的活动安排和人员配备模式是不会为了个别幼儿而改变的。然而，经过仔细的讨论和计划，幼儿园和家长可以做出一些小的适合每个幼儿的调整。

愿意认真考虑家长的顾虑，努力调整幼儿园的规定以满足家长的需要，这样做能够强化家长对幼儿园的尊重和信任。关心家长的顾虑、想法和需求，秉承并传达了这样的价值观的幼儿园更能够使家长满意，赢得家长的参与跟合作。重视家长的顾虑并不意味着满足家长的任何需求，而是指应关心家长的看法，并和他们一起解决问题。高质量的幼儿园每天都践行着与家长建立伙伴关系的承诺。

有时候，家庭和幼儿园所持有的文化期待是不同的。这种情况需要小心应对，以免冒犯幼儿家庭，但同时也要维护幼儿园的原则和价值观。比如，在某些文化中，性别角色是被严格界定的。重要的是，教师不要对特定的社会或文化做出臆断和评判，因为每种文化都常常存在例外。

4岁的米扎喜欢玩各式各样的积木。她的老师帕帕斯女士非常欣赏米扎的建构作品，认为米扎长大后或许能成为一名建筑师。米扎的父母来找老师谈话，因为米扎总是自豪地重复老师的表扬。他们告诉老师，对于女孩来说，建筑师不是一个合适的职业，他们要求帕帕斯老师别再鼓励米扎玩积木。

幼儿教师的职责之一就是尽可能尊重幼儿家长的想法和要求，但另一项同样重要的职责是在教室里为幼儿提供尽可能广泛的学习机会。对于教师来说，上面案例中的情况是一个难题。她如何既尊重家长的权威和价值观，又遵循当代幼儿教育的理念呢？

这位教师向米扎的父母承认自己不了解他们文化中的性别角色期待，如果自己对米扎说的话冒犯了他们的文化，她表示抱歉，并表明自己不是故意的。教师解释说，本园给予幼儿探索教室的自由，幼儿可以自主选择玩什么游戏，自主决定如何有效地利用游戏材料。她谈了米扎玩的积木游戏的学习标准目标，以及这些游戏是如何为她以后的学业成功做准备的。她同意不再和米扎谈论她未来有可能从事的职业，如果这冒犯了他们的话；但她也解释说，她不能阻止米扎选择有意义的和有效的游戏。家长则表示他们欣赏教师谦逊的态度以及她愿意和他们一起商讨这个问题的做法。他们觉得教师说的关于游戏如何为米扎日后的学业成功做准备的话很有道理，所以他们同意让米扎继续使用教室里所有的游戏材料。

如果米扎的老师把焦点放在西方思想是怎样阐述女孩的职业追求的，她肯定会被家长疏远。通过满足家长的部分愿望，说明在幼儿园让幼儿选择发展适宜性游戏活动的价值，教师和家长建立了积极的关系，并且能够让米扎继续在幼儿园玩她喜欢的游戏。

入园和离园环节既是教师和家长沟通的重要机会，也是家长维护亲子关系的重要机会。海斯老师感到很失望，因为有很多家长在接送孩子的时候使用手机。幼儿园明确要求，家长在进园接送孩子前要把手机收起来。

在幼儿园一天的生活开始和结束时，人际交往是非常重要的，所以在家长进入教室前限制他们使用手机是必要的。幼儿园可以使用不同的策略来应对这一难题，有的教师在教室门口张贴提示标志，有的教师在家长讲电话的时候使用手势或语言提示他们放下电话。我参观过一所幼儿园，他们贴的提示上写着："把你的手机收起来，这样你的孩子会度过美好的一天。"对于温柔的提醒，有些家长可能会忽视；对待他们，你的态度要坚决。教师可以让正在打电话的家长带着孩子走到外面的走廊上直到通话结束，同时对她说："今天，我迫不及待想和萨曼莎打招呼了！你一打完电话，就请带她进来！"

分担负面信息

在与家长打交道时，更具挑战性的一个方面是，何时以及如何与他们分担幼儿发展中存在的问题。这些问题可能包含冲动、不当行为模式或者潜在的发展迟缓，每个问题都需要深思熟虑的干预计划。家长都不喜欢听到自己的孩子在幼儿园表现不好，所以你要小心进行这类谈话。

如果你从幼儿一入园就开始跟家长不断地进行沟通，那么你在和他们谈论幼儿的问题时会相对容易一些。比如，如果你之前已经让家长意识到了孩子的不当行为模式问题，那么在和他们谈论如何进行干预时就会显得不那么唐突。可是，如果你不与家长分担你的担忧，那么你在试图和他们谈论干预措施时，就可能遭到他们的抵制。预先和家长谈论你的担忧，而不是等到问题变得严重和迫切时再交流。

萨姆是一个3岁的孩子，他喜欢在一大块地毯上将玩具小汽车排成一列，或者独自玩某个电脑游戏。如果别的小朋友想玩小汽车，他就会很生气；当他玩电脑游戏时，也拒绝别的小朋友和他坐在一起。

在过渡环节，他会挥舞着双臂大喊大叫，不愿与老师接触。通常，不愿意与同伴交往的幼儿会更喜欢成人，但萨姆更喜欢自己待着，沉浸在自己的世界里。他话不多，所玩的游戏也比较死板和模式化。

在他进入幼儿园几周后，教师开始担心他可能存在发展障碍，可能需要第三方对他进行评估。

有些幼儿需要更长的时间来适应其他伙伴，所以如果一个幼儿在学年刚开始时有上述游戏行为，那么教师不需要担忧。然而，如果幼儿的这种行为持续存在，就需要和家长谈一谈了。因为教师不是专业的诊断人士，所以在与家长谈及这个问题时应特别小心。思考一下你对这个家庭了解多少、你和家长的关系如何,然后再决定如何跟他们谈及这个话题。

一天下午,当孩子们正在户外游戏时,萨姆的妈妈来接他了。教师用中立的方式和她聊起了萨姆:"你知道吗?我发现,萨姆在户外活动时特别喜欢荡秋千。他喜欢去公园玩吗?"他的妈妈说:"是的。"教师接着说:"萨姆的主要兴趣是在教室里给小汽车排队。他在家里也这样吗?"他的妈妈表示同意,说萨姆在家也喜欢玩小汽车。教师回应道:"通常而言,3岁的幼儿喜欢各种不同的游戏材料。萨姆还喜欢一款电脑游戏,但他在幼儿园里只想独自玩这两个活动。我想帮他扩展游戏兴趣,我们打算再介绍一些其他的材料,看看萨姆是否感兴趣。我们会告诉你进展。让学前儿童尝试不同的游戏活动,对于他们真的很有好处。"

教师把自己观察到的萨姆的情况告诉了他妈妈,让她知道萨姆在幼儿园的行为表现。教师提到,与萨姆比起来,许多3岁的幼儿都喜欢种类更多的游戏材料。教师这样说让萨姆的妈妈知道,老师注意到了萨姆的行为和其他孩子有不同之处。

教师没有使用"大多数3岁幼儿",而是选择使用"许多3岁幼儿",她并没有明确说萨姆一定存在问题。教师解释了拥有广泛的游戏经历对于学前儿童的重要性,也告诉萨姆的妈妈自己打算如何扩展萨姆的兴趣。

虽然萨姆的老师并没有明确说萨姆有问题,但她为和家长的进一步沟通奠定了基础。这位教师让家长知道她有一个具体的干预计划来帮助萨姆扩展游戏兴趣，它是这次沟通的关键内容。当家长听到教师有帮助孩子成功的策略时，她感到很安心。根据萨姆在过渡环节的破坏性反应，教师可以首先选择这个关注点，与萨姆的妈妈讨论。这样的讨论类似，即教师都应以低调的姿态向家长解释，自己正在怎样帮助萨姆平静地度过过渡环节。如果幼儿在多个领域存在问题，那么开始时每次只聚焦一个领域，这样就不会让家长因为这些"吓人的"信息而觉得不堪重负。要及时告知家长那些特别需要注意的问题。让家长感到自己是被接纳和被尊重的。经常这样做，就能在需要对幼儿进行进一步干预时赢得家长的合作。

对于你的担忧，如果家长的反应是"哦，他在家可从不这样"，那么你得考虑一下，或许他说的是真的，这个幼儿在家的确没有表现出这样的行为。在幼儿园与16～20个幼儿在一起和在家与一两个兄弟姐在一起，其环境是完全不一样的。即使家长说的话不完全属实，了解到他说这些话的积极意图也是有帮助的。家长的话让我们认识到，家长总希望自己的孩子是最好的。如果家长没有意识到或者否认幼儿的某些行为，那么肯定是因为心理上的某些原因，并不是故意想给老师惹麻烦。教师应尊重家长，想办法让家长与你合作，一起应对幼儿在幼儿园表现出的不当行为。

帕克太太每次来接孩子的时候总是显得疾言厉色，行为上也有些粗鲁。她常常匆忙地走进教室，说："该走了，布拉德!"然后,抓着孩子的胳膊把他拉了出去。她这样做不但让布拉德的老师——康拉德先生没法和她打招呼,也让布拉德没有时间完成从学校到家的过渡,也许他当时正在完成一幅画或者正在听老师读故事的结尾。因此,在幼儿园一日生活结束的时候,布拉德都是哭着被拖出教室的。

在让家长参与合作的策略中,我最喜欢的就是"加入与引导"策略。许多教师发现使用这一策略有助于找到与家长的共同点,特别是当家长的态度和行为有问题时。这个策略背后的思想是,家长对于批评很敏感。他们或许会做出防御性的反应,想要解释自己,表示不同意,或者当被要求改变自己对待孩子的某些行为时,坚持己见。如果教师想让家长去做教师认为对的事,那么以一种让家长感到被尊敬和重视而不是被批评的方式来表达观点,将会最有效。

"加入"意味着你必须从家长正在做的事情中找到一个点,加入并认可它。然后,你就可以把家长引到一个新的方向。但是,要让这个策略发挥作用,前提是必须让家长感到他自己养育孩子的方式在某种程度上是被接受、重视和认可的。在使用这一策略时,教师应找到家长行为中积极的一面,表达自己的赞美和尊重。

在"引导"部分,教师要让家长考虑对自己的行为做出一些改进。诀窍是教师要让自己的语言听起来是重视和肯定家长的,要让家长觉得只需要改进他们正在做的事情,而不是做出根本性改变。家长应把教师的建议视作其成功实现自己目标的一种途径。

康拉德先生给帕克太太发了封电子邮件，请她这周的某天下午能早点来，想和她简单聊聊幼儿园的离园常规。康拉德先生请另一位同事替他带一会儿班，这样他就可以和帕克太太在一间小会议室里谈话了。

他礼貌地向帕克太太问好，并询问她当天过得如何。帕克太太回答说："忙疯了，但我还是来了。"他感谢她能前来，并且保证不会耽搁她太长时间。

"我一直在思考布拉德的离园问题，我意识到你希望布拉德能尊重你的权威。当你告诉他该走了，你希望他能无条件服从。我尊重你教养孩子的这一行为。让幼儿了解父母的权威并懂得配合父母，是很重要的。你对布拉德的要求很明确，而且让他看到父母的要求始终如一，这对他也很有帮助。我还注意到，布拉德每次离开幼儿园的时候都很难过而且大哭不止。我想，如果你每次到的时候能给布拉德两三分钟的时间，让他完成自己正在做的事，可能会让他在离开教室时不那么难过，你带他离开也容易点。我也很乐意提前把布拉德的背包和大衣放在他旁边的桌子上，帮助他快点离开教室。给布拉德几分钟的过渡时间，能让他更平静，也会让你在取车的路上更愉快。你愿意考虑一下吗？"

康拉德先生尊重了家长的控制需求和成为权威的愿望，因此他的话并没有引起家长的抵触和争论。由于他提供了一个让每个人都更轻松的方法，所以帕克太太很容易就同意了他提出的建议。帕克太太同意尝试一下，第二天下午老师就向布拉德说明了这个新的做法。结果，布拉德很容易地就从幼儿园过渡到回家，康拉德先生也有点时间和布拉德的妈妈聊聊孩子一天的表现了。帕克太太了解了孩子在幼儿园的更多生活经历。

对于那些行为令人失望的家长，要找到他们行为中积极的一面和他们聊聊是很困难的。巧妙地认可家长的优点或者积极意图，可以促使家长考虑和教师一起为幼儿创造更美好的幼儿园生活。通常，即使教师能找到一些积极的方面跟家长说，但是也抵制不住内心强烈的冲动，再加上一句——"但是你那么做了，你……"或者类似的话。当家长听到"但是"这个词时，他们很可能因为预见到了即将到来的批评而产生防御心理。因此，当你使用这一策略时，要避免削弱你的积极表述。也许你还需要一些实践来完善这一策略，但在应对家园沟通的很多难题时，使用它还是相当有效的。在把这种策略运用到家长身上前，可先与同事一起练习一下。这一策略一经完善，就能帮助你应对许多具有挑战性的局面，消除家园在成功建立伙伴关系中遇到的障碍。

沿着与家长建立伙伴关系的道路前进，是一种勇敢的行为。这需要教师具有很高的专业水平，需要他们对家长的重要性有成熟的认知。教师从家园间持续、尊重的关系中得到的收获，远远超出当初建立这一关系时所面对的挑战。

当家长感到孩子的老师了解、重视他们，并倾听他们的心声时，他们就更有可能参与幼儿园的活动，为幼儿的成长提供支持,并以富有建设性的方式与教师保持个人联系。

> **问题反思**
>
> 1. 你在家长工作中有什么优势?
> 2. 你认为家长工作中最具挑战性的内容是什么?
> 3. 在与家长建立积极的关系时,你发现哪些策略最有效?
> 4. 读完本章内容并反思了你的家长工作后,你会在哪个领域做出改变?
> 5. 为了在这个领域取得进步,你将会采用哪些具体的步骤?
> 6. 说出一个让你在某些方面感到具有挑战性的家长。本章的哪些内容有助于你与这位家长建立更积极的合作关系?
> 7. 如果你觉得需要,修正你在第一章中列出的目标和价值观清单。

第五章

支持社会性情感技能的发展

学前儿童开始探索更广阔的世界，与直系亲属之外的人建立关系，学习与同伴互动，并在探索环境和试探界限的过程中做出决定。大多数幼儿是通过游戏中的体验性活动来学习的。

对这个年龄段的儿童抱有的期望包括：理解他们正在学习自我调节能力——管理和调节他们自己的感受和行为的能力。自我调节能力的一个方面就是学习使用词汇来表达自己的情绪、偏好和需要。教师应该懂得，学前儿童需要学习如何使用语言，而不是诉诸于武力来解决问题。当教师为本班幼儿设立发展目标时，应该列出如下清单：

- 控制自己的冲动，发展自我调节能力。
- 清楚地表达自己的情绪。
- 学习与他人合作。
- 发展在游戏中与他人协商的能力。
- 学习如何不使用身体攻击手段解决问题和冲突。

对于学前儿童而言，这些都是非常重要且合理的目标，其中任何一项的完成都需要教师的指导。

发展冲动控制能力和语言技能

在幼儿学会使用语言来解决冲突和与同伴协商之前，他们需要具备哪些能力呢？首先，他们必须发展控制冲动的能力。他们必须能够控制自己的情绪，以便有时间来思考使用语言；其次，他们必须具备将自己的情绪转化为语言而不是行为的能力。作为成人，我们认为拥有这些能力是理所当然的事情。然而，对于幼儿而言，这实际上是一种苛求。

"使用你的语言"，是我们在早期儿童教室中经常听到的一句话。虽然它隐含的理念是合理的，但是幼儿经常不能很好地理解这种独特的表达方式。在大多数情况下，幼儿不知道使用哪些词语，所以教师要求他们使用语言来表达自己的情绪或挫败的感受时，通常没有什么效果。当教师反思幼儿需要哪些必要的步骤来学习冲突协商的技能时，就要为幼儿提供他们所需要的练习和指导。

幼儿使用语言的能力，通常受到其整体发展水平、语言习得水平、表达能力以及家庭背景的影响。当教师认识到这一点并且对班级幼儿的不同技能水平进行了一定的反思之后，就能够采取多种策略和不同程度的干预措施，帮助幼儿更频繁且有效地使用语言。

如果幼儿2—3岁时能经常与其他幼儿接触，比如在家里与兄弟姐妹在一起，参与小组游戏，或者身处集体照料的环境，那么他们就开始使用语言与同伴进行互动。他们使用的语言经常具有地盘性，比如，"我的""不"等。慢慢地，他们的语言中开始包括一些短语，比如，"别那样做""我想要它""把它给我""轮到我了"等。

对于大多数儿童来讲，他们在3岁左右才开始以一种相对熟练的方式使用单词或者短语与同伴互动。到了这个年龄段，大多数儿童的语言已经发展得很好了，并且出现了控制冲动能力。认识到掌握这些能力是使用语言的先决条件，可以帮助我们理解为什么很多幼儿很难成功地通过协商来解决冲突。一些幼儿可能存在发展迟缓问题、处在危险境地或者因为各种原因承受着很大压力。一些幼儿在入园前就语言贫乏且冲动控制能力差。对于这些幼儿，教师的合理期望应该是什么呢？针对所有的幼儿，当冲突发生时，教师必须帮助他们进行良好的互动，包括设定明确的界限和树立行为上的榜样。针对那些语言能力有限和冲动控制能力不足的幼儿，教师需要进行更直接的干预。

正在桌子上用记号笔画画的乔舒亚拒绝与3岁的莉萨分享记号笔，因此被莉萨打了一下。教师走到莉萨身边说："不要打人，莉萨，会把人打疼的。"然后，教师接着说："你想要一些记号笔，是吗？但是，乔舒亚正在用。不过，我们可以一起从架子上的箱子里再拿一些记号笔出来。当你想要某个东西的时候，如果得不到，你一定会感到很沮丧。我们这里有足够多的记号笔，可以给需要的人用。"

要想帮助莉萨,教师必须一直在教室中仔细观察她的游戏情况,并且关注事件的发生过程。教师也可以向乔舒亚示范如何来解决与莉萨的冲突,比如,可以示范这样说:"我正在用这些记号笔,架子上的箱子里还有很多,你可以去那里拿一些。"尽管3岁的幼儿也许还不能使用熟练的语言来解决冲突,但是向幼儿示范人们期望的行为,可以帮助他们学习用攻击性行为以外的方式做出反应。

要想使用语言来表达情绪和进行社会性互动,幼儿需要具备很高的语言发展水平,来思考可以使用哪些描述情绪的词语。一般而言,大多数学前儿童非常熟悉这三种表达情绪的词语:生气、伤心和高兴。然而,人类的情绪并不能完全被归入这三类。

凯特琳正在玩橡皮泥,她想把橡皮泥搓成一个球。她看到一个朋友将橡皮泥搓成了一个球,所以她也想这样做。可是,不管她怎么努力,她的球和她朋友的一点儿也不像。玩了一会儿后,她就把橡皮泥扔在了地上。教师注意到了她的行为,走过来轻声说:"天呀,卡特琳!你看起来很沮丧!的确,当人们努力做一件事情却没有达到自己想要的结果时,真的很令人沮丧。也许我们可以一起玩橡皮泥,我可以帮助你学习另一种对你有效的搓橡皮泥球的方式。你愿意试一试吗?"

在这个简单的交流过程中,凯特琳的老师做了大量的工作:

- **识别并认同了儿童的情绪。**她描述了她看到的情形，并认同了当凯特琳没能把橡皮泥搓成她想要的样子时她的情绪感受。她没有做出评价，只是认可了凯特琳的行为反应。
- **引入了一个新的词语。**她向凯特琳介绍了一个新的词语——"沮丧"，给了她一个描述自己情绪的方式。
- **提供了一种富有成效的反馈。**她提出要教给凯特琳一个新的方法，可以把橡皮泥球搓得更圆。

凯特琳将在老师的帮助下更熟练地搓橡皮泥球，同时她还学会了一个新的词语来描述自己的情绪，而之前她可能认为这种情绪就是生气。当教师投入时间和精力来教幼儿使用更广泛的词语描述自己的情绪时，幼儿就能更好地控制自己的情绪，因为他们能够把情绪表达出来，并获得他们想要的帮助来应对它们。

有很多资源可以用来帮助幼儿学习表达和应对情绪。比如，由美国范德堡大学资助的儿童早期社会性和情感学习中心（Center on the Social and Emotional Foundations for Early Learning），提供了一些非常棒的工具包、材料和有关情绪应对的儿童故事的书目，以及供教师和儿童一起使用的可下载的情绪表。使用高质量的儿童文学作品也是一种非常棒的、没有威胁性的方式，可以教会儿童关于情绪表达和应对的方法，因为他们会把自己与故事中的人物联系起来。教师可以把这些故事作为跳板来讨论儿童经历的情绪。

幼儿的大脑还没有发展到思考、反思和表达他们的经历对情绪影响的程度。他们还不能预测或者理解内心的感受和他们行为之间的联系。通过对幼儿的认真观察以及与家长的定期交流，教师不仅可以了解幼儿是如何通过他们的行为来表达他们的情绪的，还可以帮助他们更好地认识自己。教师要做一个敏睿的观察者并寻找教育的契机——识别幼儿的情绪并帮助他们成功地应对情绪的机会。通过这些真实的体验，幼儿将能识别出大量情绪。但是，有时候幼儿某一行为背后隐藏的情绪并不明显，因此，教师要学会识别幼儿正在经历和表达的情绪。

一天早晨，阿马娅脾气暴躁地来到幼儿园。她的老师对于幼儿的分离焦虑非常敏感，她注意到阿马娅的妈妈匆匆地和阿马娅说了句拜拜就走了。

阿马娅并没有努力参与同伴的游戏，可是她却不高兴地撅起嘴，抱怨她的朋友不和她一起玩。她的老师说："你今天早上貌似过得不太愉快。有时，当小朋友们感到伤心、失望或者想妈妈时，他们在幼儿园就可能会表现得有点暴躁。你今天是不是也有这样的感受？"

阿马娅开始号啕大哭，说："妈妈今天把我推到幼儿园来的！"她的老师把阿马娅抱到自己的腿上安慰她。当阿马娅心情好一些的时候，她的老师让阿马娅把现在的感受说出来，老师会把它们记在一张纸条上给她妈妈看。在把纸条放到了阿马娅的柜子里后，老师帮助阿马娅重新加入小朋友的游戏中。

这位教师用多种方式来回应阿马娅的行为。她并没有告诉阿马娅她当下的感受，而是让阿马娅了解到很多小朋友在感到失望、伤心或者想念妈妈的时候，也会有和她一样的表现，借此来安慰阿马娅。如果教师只是陈述阿马娅行为的原因，而不是让阿马娅自己确认这一原因，那么她对阿马娅的评估可能就是错误的。

　　并不是所有幼儿的反应都像阿马娅那样，立刻向老师倾诉自己的感受。有些幼儿可能还没有做好承认自己感受的准备。即使是这样的情况，教师也应该尽可能地做出努力。教师可以继续说："如果你现在不想说你的感受，也没关系。有时候，这的确有点难。让我们想想，我怎样能帮助你度过美好的一天。"在为幼儿打开交流自己感受的大门的同时，教师也帮助他们认识到了感受和行为之间是有联系的。这种认识能力是幼儿反思能力发展的重要因素。

同 伴 合 作

　　幼儿是通过游戏学习的。在与同伴的互动中，幼儿学习如何表达自己的需要和偏好，如何与其他人合作以及如何接纳彼此的不同。教师应尽可能让幼儿的游戏不受干扰地进行下去，并且允许幼儿发展他们的合作能力。然而，有些情况也需要教师进行指导以保证游戏顺利地进行下去。当教师观察到幼儿的游戏有可能引发冲突时，就可以加入一个元素来分散他们的注意力，让他们回到正常的轨道上，让游戏能继续进行下去。

卡莉和拉文正在摆弄牲口棚玩具和几个农场动物玩具。卡莉手里拿着马，拉文手里拿着绵羊。拉文说他想玩马，卡莉说她还没有玩完呢。在情况恶化之前，老师走过来说："噢，我的天呀！你们看到那边的猪妈妈和它的宝宝了吗？它们太饿了，但找不到任何食物吃！有人愿意把那边的食槽拿给它们，让它们有东西吃吗？"

卡莉立刻回答说："我去给它们拿一些食物！"她把食槽放在了猪妈妈和猪宝宝的旁边，然后和它们一起玩了起来。这样一来，拉文就可以玩儿马了。

通常来讲，教师只需要加入幼儿的游戏并提供一个新的游戏元素，就能彻底避免一场潜在冲突的发生。这是一种具有创意的方式，可以支持和促使幼儿进行高质量的、富有成效的游戏。

当然，有时候教师也需要介入游戏来保证每个幼儿的安全。教师可以借助这次干预的机会来帮助幼儿了解他们的行为与行为后果（给自己以及他人造成的）之间有何联系。

老师们围着操场的外沿创建了一条自行车跑道，让幼儿可以在操场外沿的人行道上骑行。他们制定了一些规则，包括要求幼儿只能朝一个方向骑行。

迈克尔喜欢骑车骑得非常快，他经常不遵守单行的规则。一天下午，他骑车直接撞上了另一个骑车的小朋友肖恩，导致肖恩的胳膊被水泥路面擦伤了。肖恩大哭起来。乔安娜老师赶紧把肖恩带到了教室,对他的伤口进行了紧急处理。与此同时,迈克尔毫发无损地骑车离开了。

当乔安娜老师和肖恩一起回到户外时,她把迈克尔叫过来对他说:"迈克尔,我知道你喜欢骑车骑得非常快。但是,有时候你却在单行车道上逆向行驶。今天,你这样做就导致肖恩受伤了。你看到他的绷带了吗?当你撞到他的时候,他不但很害怕,还擦伤了胳膊。你可以做些什么来让他心情好一点吗?"

迈克尔回答说:"对不起,肖恩。但是,你那会儿挡住我的路了!"

老师问肖恩对于所发生的事情,他是否有话对迈克尔说。肖恩回应说:"不要撞到我,迈克尔!"

乔安娜老师感谢肖恩能把自己的感受告诉迈克尔,然后让肖恩自行去活动。她转向迈克尔说:"我们需要想出一个能让你更安全地骑车,又不会伤到其他小朋友的方法。你有什么好主意吗?"

迈克尔说:"我真的喜欢骑车骑得飞快!"

乔安娜老师回答说:"是的,我知道你喜欢骑车骑得飞快。而且,你骑自行车的平衡性很好!但是,沿着一个方向骑车,并且当自行车道上有很多人时不能骑得太快,也是非常重要的。就像你坐在爸爸或者妈妈的汽车里,但是爸爸或者妈妈不能把车开得太快,因为路上有很多其他的汽车在行驶一样。"

迈克尔回答说:"但是,我是一个开车速度很快的司机!"

乔安娜老师回答说:"你是一个开车速度很快的司机,但是当你开得很快的时候,可能会让其他小朋友受伤。或许我可以制作一个标识牌,当自行车道上车很多时,我就把标识牌竖在那里,你看到这个标识牌,就得慢点骑了。你觉得这个方法可行吗?"迈克尔点点头。

如果一个幼儿的行为导致另一个幼儿受了伤,那么教师通常将会限制这个幼儿继续参与他之前从事的活动。幼儿通常不能预见他们行为的后果。在这个案例中,有几点需要注意。第一,当乔安娜老师问迈克尔他是否可以做些什么来使肖恩的心情好一点时,迈克尔向肖恩道了歉。然而,即使迈克尔没有道歉,也是可以接受的。因为教师说这句话的目的,是帮助迈克尔了解他可以做一些事情来弥补他之前对同伴造成的伤害,而且老师支持他的这种做法。把关注点放在为幼儿提供一个选择,让他可以做一些事来让同伴的心情好一点而不是幼儿的道歉上,这样做所提倡的理念是,做出弥补是一件很好的事情。第二,当迈克尔执着于自己喜欢骑车骑得非常快时,乔安娜老师表扬了他的这种行为。在继续解决问题之前,她认可了迈克尔的骑车技能。第三,当她和迈克尔就如何帮助他更安全地骑车达成一致意见后,她让迈克尔回去继续骑车。她没有因为想要帮助迈克尔学习如何能够骑得更安全,而剥夺他玩他最喜欢的活动的权利。

在游戏中,幼儿可以进行很多社会性和情感方面的学习。通常,当幼儿一起游戏时,他们会注意到彼此间的不同。比如，当一个幼儿正在学习如何在秋千上摆动双腿时，另一个幼儿可能会说："你不知道怎么像我这样荡秋千！"此时，对于教师来讲是一个做出评论的好机会："看看你的双腿！它们正在努力地摆动着，让你自己可以荡得更高。在秋千上摆动双腿有点难，但你正在努力学习如何能做到这一点。你一定感觉非常棒！"当幼儿努力地掌握一项新技能时，教师认可他的努力并指出这项技能非常难学。这样做，教师就向幼儿示范了要接纳自己与同伴之间的不同。这里所提倡的理念是，当幼儿参与同一个活动时，不要对他们进行直接的比较，而是要观察他们每个人都掌握了哪些技能。幼儿的游戏能够继续不受干扰的进行，同时幼儿能够感受到他的努力是被认可的。

协商游戏，化解冲突

当幼儿刚开始学习解决与同伴的冲突时，给他们提供一个具体的短语或句子让他们使用是很有帮助的。我曾经执教过的一所幼儿园选择了这样一句话——"我不喜欢那样"来教给幼儿。这句话让幼儿明白正和他一起玩的小朋友不开心；然而，它并不能保证一定会对游戏伙伴有用，因为幼儿可能并不在意他的朋友是不是喜欢那样。这个句子的妙处在于，它不仅帮助幼儿迈出了应对困难互动的第一步，还警示教师注意一场潜在的冲突可能会发生。

4岁的乔西和史蒂芬正在用大型木制积木进行建构活

动。老师站在美术桌旁听到乔西大声喊道:"我不喜欢那样,史蒂芬!"老师竖起耳朵听着并抬头看过去,发现他们两个正在为哪块积木应该放在哪里以及谁是游戏的负责人争论。老师走过去问:"嗨,小家伙们!这里发生了什么事情?"

乔西回答说:"我们商量好要建一个办公室,然后我们就可以去办公室上班了。我已经在搭建大楼了,但是史蒂芬总是把积木拿走!"

史蒂芬大声说:"但是,他用了所有的长积木,我也需要一些搭建我们的汽车!"

老师回应说:"好吧,乔西,你正在搭建你们两个人之前商量好的办公大楼,但是史蒂芬拿走了你正在用的积木。"然后,老师给予史蒂芬同样的关注,站在他的角度说:"史蒂芬,你不喜欢乔西使用长积木,你也需要一些来搭小汽车。"

他们两个都点了点头。

老师接着问:"小家伙们,你们觉得你们能找到一个双方都认可的解决方式吗?乔西正在努力搭建办公大楼,而史蒂芬正在搭建小汽车。你们都需要长积木来实现你们的游戏计划。"

乔西说:"也许,我们可以分享长积木,然后把一些正方形积木拼到一起搭建另一面。"史蒂芬痛快地答应了。

在乔西和史蒂芬身上,教师使用了我所说的"确认、建议、离开、认可"策略来帮助他们解决冲突。幼儿教育专业人士和心理学家研发了很多类似的干预策略,来帮助幼儿学习如何和平地解决冲突。所有这些策略都包括了多个步骤，即教师要进入情境和幼儿一起面对问题，然后教师退出来，让幼儿自己努力尝试解决问题。通过进入情境，教师可以帮助幼儿学习克服他们当下的情绪，从而有能力去思考解决方法。

- **确认**：即确认每个幼儿对于事件或者冲突的认识。在这个案例中，教师重复了每个幼儿向他报告的内容，没有进行评判，没有打断他们，也没有来自另一个幼儿的评论。教师只是指出了乔西向他讲述的经历，然后同样指出了史蒂芬从他的角度描述的内容。
- **建议**：在确认了每个幼儿对于事件的描述后，教师建议两个男孩可以试着想想如何解决这个问题。教师的这一建议向幼儿传达了这样一个信息，即老师相信他们有能力想出解决问题的新办法。
- **离开**：这时候，教师给了两个男孩几分钟时间讨论当下的情况。在他们解决问题的时候，教师可以离开，也可以静静地坐在一边。至于是离开还是安静地坐在一边，取决于教师对于幼儿独自合作解决问题能力的评估。一些幼儿可能需要老师一直在场，在他们感到不知所措时可以为他们提供一些可能的解决方法。然而，教师在表达想法和提出解决办法之前，要先让幼儿有机会来讨论他们所面临的问题并自己想出解决办法。
- **认可**：最后一个步骤是教师回到现场弄清楚孩子们

想出了什么办法，可以在一边倾听，提供支持并认可他们的办法，然后让他们继续玩儿。

虽然最理想的状态是让游戏顺利地进行下去，但是当幼儿出现了不恰当的行为时，教师必须进行干预。

塔什万和马克斯正在一起玩沙箱，索菲在他们附近玩儿。索菲朝着这两个男孩大声喊道："不要再扔沙子了！"

老师听到她的叫喊声，朝沙箱这边走过来，问道："怎么了？"索菲说："我正在搭建一座城堡，塔什万和马克斯向我扔沙子，把我身上都弄脏了！"老师仔细看了看苏菲，确实，她的头发和身体上有一些沙子。

因为幼儿园规定不允许扔沙子，所以教师可以告诉塔什万和马克斯他们两个违反了规则，并要求他们离开沙箱去其他地方玩儿。但是，教师没有这样做，而是问两个男孩："小家伙儿们，这沙子是怎么回事儿？索菲的头发上和衣服上有沙子，你们看到了吗？"

塔什万解释说："我们没有扔沙子。我们正在挖沙子，有时候沙子会飞起来。苏菲应该离这里远一点！"

教师估量了一下现场的情况，看到孩子们的身体彼此离得太近了。她用手指在沙子上画了一条线，说："你们在游戏的时候挨得太近了。这是分界线。你们男孩子在线的这边玩儿。索菲，你在另外一边玩儿。如果你们挨得不这么近，就可以避免沙子扬起来的问题。你们能按照这个计划来吗？"孩子们同意了，然后继续游戏。

教师没有把关注点放在"规则被破坏"这个事实上。相反，她聚焦于如何才能让孩子们的游戏继续进行下去。规则是为了保证幼儿在游戏中的安全和促进幼儿进行有效的学习而制定的。如果因为某些原因使得规则被破坏了，那么教师首先应该想到的问题是："如何解决这个问题才能使游戏继续进行下去？"有时，教师会局限于规则本身而忘记了制定规则的目的是什么。

让幼儿体验他们的行为造成的后果，意味着教师要坚持让幼儿观察同伴的面部表情，从而意识到他的语言或者行为引起了同伴的疼痛和悲伤的反应。在沙箱这个案例中，两个男孩已经认识到，不管是有意的还是无意的，他们的行为确实让索菲浑身上下都是沙子，给她造成了很不舒服的后果。接着，他们学着采用某种方式来调整他们的行为。让幼儿体验他们的行为造成的后果，不是要剥夺幼儿的某种权利或者惩罚幼儿，而是让幼儿能够学会对自己的行为负责并且在教师的帮助下能够有更加积极的行为表现。

另一个解决冲突的有效策略是在干预中加入"出乎意料"的因素。当教师对幼儿的行为已经拥有一套固定的反应模式时，如果他偶尔以一种难以完全预料的方式做出反应，那么就会吸引幼儿的注意力。所有的干预策略所依据的哲学理念都是一样的，也都包含了相同的必要信息，但是如果教师能够以新颖的、不同的方式来使用它们，那么就能让幼儿感到班级生活更有趣。

当班级中出现了某种形式的身体攻击行为时，教师可以以出乎意料的干预方式只对受害者予以回应。

萨莉和戴乔娜因为谁玩布娃娃的问题而产生了分歧,萨莉推了戴乔娜一把。老师没有走到萨莉身边和她聊推人这件事情,而是来到了戴乔娜的身边说:"噢,我的天!你的胳膊肯定很疼。我能看看吗?看起来有点红了。让我帮你轻轻地揉一揉。你需要用绷带吗?你被推了,我感到非常难过!萨莉真的需要学习使用语言来表达她的感受,而不是用手来推你。"

此时,萨莉很可能会因为被老师忽略而感到非常惊讶,然而,她肯定听到了老师对戴乔娜说的每一句话。戴乔娜因为受到了老师的关注而心里好受了一些,同时老师明确地指出了用推人的方式来解决冲突是不被允许的行为。

大多数幼儿在冲动时会感到不知所措,进而实施身体上的攻击,因为除此之外,他们想不到其他的解决办法。在这种情况下,身体攻击是幼儿对某种特定情境下某一个特定的人做出的反应。因此,如果教师偶尔地选择忽略攻击者,而去关注被攻击的对象,那么攻击者就可能离开并且不再做出进一步伤害他人的行为。但有时班级里可能有这样的幼儿,他不是只进行一次身体上的攻击,而是会连续地攻击。对于这样的幼儿,采取忽略攻击者而关注受害者的策略就不太合适,因为其他的幼儿可能会有危险。在这种情况下,教师必须立刻关注攻击者,帮助他冷静下来并且保护其他可能会受到伤害的幼儿。

另外一个例子是在户外表演游戏中，当幼儿因为谁扮演妈妈而发生了冲突时，教师以出乎意料的方式做出了回应。通常来讲，针对这种僵局，教师的反应是把幼儿分开并让他们到其他地方去玩。然而，这种办法并没有解决问题。

4岁的莱克莎和3岁半的苏珊娜正在娃娃家里和其他小伙伴做游戏。莱克莎坚持苏珊娜当小妹妹，但是苏珊娜想当妈妈。她们两个都非常沮丧，但是都坚持自己的立场不肯改变，结果争执的声音越来越大。她们的老师斯蒂芬妮走了过来，帮助两个女孩解决冲突。她说："女孩们，我听到这里有叫喊声。发生什么事情了？"两个女孩立马争先恐后地说起来。斯蒂芬妮老师赶紧说："停，停！你们两个说的话，我都会听。但是，一次只能有一个人说。莱克莎，告诉我发生了什么事，问题是什么。"

莱克莎说："我想玩娃娃家，苏珊娜也想玩儿。我告诉她我是妈妈，她可以做小妹妹，但是她不同意，还大喊大叫！"

斯蒂芬妮老师说："所以，你想玩娃娃家，苏珊娜也想玩儿。但是，当你告诉她你想做妈妈时，她拒绝做小妹妹并且开始大喊大叫。"然后，斯蒂芬妮老师请苏珊娜讲述事情的经过。

苏珊娜回答说："我讨厌当小妹妹！我从来没有做过妈妈，莱克莎不让我玩儿！"

斯蒂芬妮老师重复道："是这样，你不愿意当小妹妹，而且你觉得莱克莎不让你以你想要的方式来玩娃娃家。你知道吗？家庭可以有各种结构和大小。有时，家里有奶奶，有时妈妈会和她的妹妹一起生活,一起照顾孩子。甚至有时候,两个邻居可以在各自的家里一起做烘焙。我敢肯定,你们会想出一个能让你们两个一起开心地玩娃娃家的办法。我给你们几分钟的时间来讨论一下。"老师说完就离开了一会儿。

通过描述家庭可以有不同的人员构成以及不同的成人最终是怎样生活在同一个家庭中的,斯蒂芬妮老师为两个女孩提供了一些办法,让她们能够解决自己的冲突。但是,她只是泛泛地描述了她的一些想法,两个女孩仍然有足够的空间来临场发挥,独立地解决冲突。几分钟后,当老师回来时,女孩们已经决定扮演表姐妹一起来给她们的"宝宝"做核桃仁巧克力饼。她们的老师斯蒂芬妮说:"你们太聪明了!我希望你们也能邀请我吃核桃仁巧克力饼!我喜欢吃核桃仁巧克力饼!"

当幼儿觉得他们的感受和看法得到了老师的理解和认可时,他们会更加愿意向前迈进一步,而不是待在原地。这个过程中的一个重要方面是教师没有寻找过错方,而是旨在帮助双方一起努力找到解决问题的办法。从确定谁是过错方转到相信幼儿有能力解决冲突并让他们回归到游戏中,这一转变是强有力的,它使得教师从执法者的角色转移到推动者和支持者的角色上来。

创建班集体

通过对幼儿的想法和幼儿的学习过程做出正面评价，教师为班集体的创建和接纳氛围的营造奠定了基础。当幼儿以非竞争和非批判的方式看待彼此的观点和不同之处时，他们更能够理解彼此。教师的做法为培养幼儿的耐心和包容能力树立了榜样，而这些能力对于他们今后在学校生活中取得成功非常重要。在幼儿发展问题解决能力的过程中，教师可以使用以下策略来进一步强化他们的这一能力并且建立一个班集体。

- 和平桌。
- 班会。
- 儿童图书。
- 积极的领导力。
- 聚焦式课程单元。
- 讲述故事、表演故事和制作班级图书。

和平桌

对于那些已经熟悉了解决冲突的四个步骤并且越来越有能力解决问题的幼儿来说，教室里的和平桌是一个非常好的资源。其做法是这样的，教师在教室里指定一个特别的地方，让两三名幼儿可以在这里坐下来，讨论他们解决冲突的办法。教师不参与解决冲突的过程，而是建议幼儿坐在和平桌旁讨论。只有那些已经拥有了很强的问题解决能力并且有能力开展这样的讨论的幼儿，才可以使用这一资源。那些问题解决能力并不是非常强的幼儿可能还需要教师的帮助。

如果坐在和平桌旁的幼儿很难找到解决困境的办法，那么教师就应该根据需要提供一些额外的支持。通过了解幼儿的能力水平，教师支持了幼儿独立解决冲突能力的发展，而不需要直接干预。

班会

当班级里存在一种行为模式，而这种模式涉及不止一两名幼儿时，那么班会就成为一种让幼儿集体解决问题的有效方式。当幼儿在这个过程中发挥积极作用时，他们就会竭尽全力来解决问题。

班会可以采用和圆圈活动相同的组织方式。会议开始时，教师宣布要讨论的话题："我一直在思考整理活动时间出现的一些问题。我看到了玩具、记号笔和拼图都被扔在了地板上；布娃娃的衣服被丢到了表演区的食物柜里；翻开的书被扔在了地板上，随时可能被撕坏或者踩到。我们要想一个办法来整理得更仔细一些，这样我们的玩具就可以保存得完好无损，也没有人会因为被地上的玩具绊倒而受伤了。对于在整理时间如何做得更好，你们有什么好主意吗？"

这里的做法是，把讨论变成一场头脑风暴。从根本上来讲，幼儿的任何想法都有被接纳的可能。教师的角色是抄写员，负责写下或者描述幼儿的想法，以便让所有幼儿都能够看到他们的想法被呈现出来。有的幼儿可能会大声嚷嚷："女孩们应该做所有的整理工作！"他的话引起一片笑声。教师的责任是如实地记录他的观点，而不做任何评论或者评判。

当幼儿所有的发言和观点都被记下来后，教师就可以结束讨论的环节，开始缩小幼儿选择的范围。作为成人，教师对于幼儿提出的不适宜的或者不公平的建议，可以行使否决权。教师可以说："我能理解为什么男孩子喜欢让女孩子做所有的整理工作，但是如果男孩子没有参与整理工作却要玩布娃娃，那就有些不公平了。所以，我将划掉这个建议。"

此时，就需要教师的创造力闪耀光辉了。教师必须从余下的观点中找出具有可能性的一个。然后，教师可以在这个观点中加入自己的一些建议，并以扩展或者提升这个观点的方式表达出来。教师可以这样说："肖恩建议每个人至少要收拾三个物品。然后，每个人再到处看看，检查一下是不是所有的东西都收拾好了。如果有人发现了一些物品，他必须把它们捡起来，然后他所在的小组就能为户外活动做准备了。这个建议听起来怎么样？"聚焦于幼儿在听了成人的指令后发生了什么，对于让幼儿参与合作是一个非常有效的策略。一旦幼儿集体同意了，教师就可以画一张简单的计划图，比如，画一个幼儿正在捡起一些玩具的图，然后将计划图贴到教室的墙面上。整理时间时，教师可以提醒幼儿看看这个计划，向他们强调这是他们自己制订的，表扬他们提出了这样一个可行的办法。

鼓励幼儿去思考那些可以改进班级生活的想法，可以推动他们的成长。支持幼儿畅所欲言地表达并找到可能的解决办法，表达对他们想法的尊重并实施这些想法，教师这样做可以营造集体归属感，培养幼儿共同分担责任的意识。

儿童图书

高质量的儿童文学作品也是一个很棒的工具，教师可以借助它与幼儿交流并支持班级规则。对于当前班级存在的问题，教师可以为幼儿读一些相关话题的图书，这对于激发幼儿的兴趣，让他们以非攻击性的方式讨论教师担忧的行为是很有帮助的。

比如，当幼儿有取笑他人或者欺负他人的行为时，教师可以为幼儿读一个关于这个话题的故事，并将这个故事作为一个交流的跳板。教师在选择这类图书时要谨慎，并不是所有相关话题的图书都能传递正确的信息。一些图书非常幽默，这一点很棒，但是如果书中建议的解决办法仅仅是让受害者扭转局面成为欺负人者，那么显然这不是教师想要传达的信息。寻找一些故事，故事的内容要告诉幼儿当他们受到其他人的伤害时可以怎样寻求帮助。在故事情境中讨论问题，让幼儿与故事中的人物角色产生共鸣，而不是让他们直接讨论自己。以此为基础，可以促使幼儿就班级中正在发生的事情进行更个人化的交流。

在我曾经作为顾问的一所幼儿园里，教师经常使用莉兹·博伊德的《大坏蛋贝利》(Bailey the Big Bully) 这本书来讨论关于取笑和欺负人的话题。在这个故事里，贝利的鼻子被打伤了。尼古拉斯，一个在班里有时会取笑比他小的孩子的男孩，大声地为贝利辩护，说他的鼻子被打伤是不公平的。其他的孩子不同意尼古拉斯的观点，他们说贝利应该被打，因为他对社区里的小孩太坏了。

教师问："我们班里有没有人感觉自己就像贝利所在社区的那些小孩？"一些孩子说，他们就是这样的小孩，并且说他们不喜欢尼古拉斯取笑他们。当解决问题的焦点集中在一个作为攻击者的幼儿身上时，教师就必须微妙地进行处理。教师回应说："当有小朋友被取笑时，其他人如何来帮助他，让他心情好一些呢？"

一个幼儿大声说："告诉老师！"这又导致孩子们开始讨论什么样的"告状"是有帮助的，什么样的"告状"是没有帮助的。如果一个小朋友告诉老师发生了一些事要她处理，比如，一个小朋友受伤了或者需要帮助，这种"告状"就是有帮助的。如果一个小朋友仅仅报告老师说有小朋友拿了其他人的玩具，这样的"告状"就是没有帮助的，因为任何小朋友都不能去解决其他小朋友之间可能发生的冲突或者去强化教室的规则。

随着讨论的继续，教师消除了孩子们的疑虑："尼古拉斯正在努力学习使用友善的语言和温柔的动作来对待年幼的小朋友。我也将继续帮助他这样做。如果你听到他说了一些不友好的话，或者看到他做了一些不友好的事情，那么你可以轻轻地提醒他说，我们在幼儿园里要友好相处。我们都需要记住的是，我们的语言有时会伤害到别人的感情。此外，欺负人的话或者行为都是不可以的。"通过向全班的幼儿说教，教师引导幼儿将关注点从尼古拉斯身上转移开，避免他成为替罪羊。

教师制作了一张海报，列举了老师和孩子们想要在班级里见到的积极行为："在我们的教室里，我们要使用友善的语言和温柔的动作，我们欢迎所有想要和我们一起玩的人。"教师添加了一些图片来表示这些行为，这样幼儿就可以将图片和文字联系起来了。

罗伯特·克劳斯的《大器晚成的利奥》(Leo the Late Bloomer) 是另外一本可以促进幼儿进行讨论的图书。书里讲述了一个有关小狮子的故事。这个小狮子学习技能很慢，其他小狮子已经学会了，可他还在学。他的父母对此很担心，觉得他可能有什么问题，但是有一天，他一下子就领悟、学会了。教师可以把这个故事作为一个跳板，引导幼儿讨论为什么有些事情对于一些人来说非常容易，而对其他人来说却很难。我们所有的人都有自己的强项和弱项。"正在学习某些技能或者能力"，这个概念可以帮助幼儿理解和接纳他们在自己和其他人身上看到的不同。比如，当一位教师说"哇，你一直在努力地学习将球扔到筐子里。小朋友就是通过练习学习的"时，她就向幼儿强化了这样的观点，即技能是逐渐被习得的。这种针对幼儿所具有的不同技能水平进行讨论的方式，可以降低班级里的竞争氛围，让幼儿拥有班级接纳感和归属感。

积极的领导力

通过与同伴游戏，幼儿发展了他们的社会性技能。在这个过程中，他们会不断地试验权力、接纳和排斥。通常，这种试验是以取笑他人的方式进行的。4—5岁儿童的语言技能较为成熟，他们致力于与同伴建立伙伴关系。他们开始明白，有很多朋友以及与很多小伙伴一起玩，并不意味着不忠诚对待某个特定的朋友。这个年龄段的幼儿可能会这样说："你今天不能和我一起玩，因为你不是我最好的朋友！""你不能参加我的生日聚会！"甚至说："今天你不能和我们一起玩，因为你没有穿紫色的衣服！"

对于幼儿的这类排斥行为，教师进行干预是非常重要的。这类行为是幼儿欺负他人行为的早期形式，教师必须把它们消灭在萌芽当中。事实上，表现出这些行为的幼儿的确拥有一定的领导能力，但是教师必须帮助他们将这种能力用到更为积极的领导行为上去。

塔玛拉4岁半，是一个非常受欢迎的女孩。她在班级里和好几个女孩是好朋友。在不上幼儿园的日子里，她们偶尔也会相约一起游戏。有一天，塔玛拉注意到她和她的好朋友们都穿了紧身裤。她就建议制定一个规则，即只有穿了紧身裤的小朋友才能和她们一起在表演区玩。苏珊娜当天穿了一条裙子，她想和她们一起玩儿，但是塔玛拉警告她："你不能和我们一起玩儿，因为你没有穿紧身裤！"其他两个女孩也附和说："是的，这是我们的规则！"被排斥的苏珊娜满脸无助地走开了。

教师看到了苏珊娜的表情，问她发生了什么事情。当教师了解了事情的经过后，她走到由塔玛拉说了算的表演区问："紧身裤的规定是怎么回事啊？"塔玛拉做了解释。教师仔细听后回应说："塔玛拉，你有很多非常棒的玩想象游戏的点子。对于你想出的让这个餐厅的女服务员统一着装这样的好主意，我非常喜欢。这太有创意了，而且很明显你们玩儿得非常开心。但是，在我们的教室里，我们不能排斥任何想要加入游戏的小朋友。这样太伤感情了。此外，我发现，你们的餐厅有很多女服务员，却没有顾客！我打赌，苏珊娜肯定想扮演一名客人并且点一些好吃的！"女孩子们同意了，苏珊娜对于能加入游戏也感到非常开心。

如果苏珊娜也想当一名女服务员，那么教师就要和女孩们一起商量找出接纳苏珊娜的方法。但是，案例中教师进行的干预就足够了。在指出排除苏珊娜给她带来的伤害之前，教师首先认可了塔玛拉的创造力和领导才能。教师为塔玛拉提供了一个发挥她的领导才能的积极方式。幼儿需要了解，成为一名领导者并不意味着要排除其他人或者建立严格的等级制度。在班级里，虽然并不是每个人都必须和他人成为朋友，但是每个人都必须被友善对待，必须被游戏活动接纳。

聚焦式课程单元

我曾经工作过的一所幼儿园决定把"友善"这个概念教

给幼儿。教师观察到幼儿之间存在着一些不友善的行为和态度，于是研发了一个课程单元来解决这些行为问题。她为幼儿读了一些关于友谊的图书，教授他们关于合作的词汇，开展了一些幼儿必须一起合作才能成功的游戏。此外，她还在班级里制作了一棵友善树——在一块大的布告板上钉着一棵用纸填充的树干。每次当教师发现一个幼儿表现出了友善的行为时，她就把这个行为写在便笺纸上，然后把它作为一片叶子粘在大树上。在接孩子时，家长们喜欢来到这棵大树旁看看那天自己的孩子是否拿到了叶子。教师也会请家长把孩子在家里表现得友善的例子带到幼儿园。

教室的整个氛围改变了，孩子们到处寻找帮助他人、表现自己友善的方法。教师继续拓展了这一课程，把大方、耐心、尊重和关心那些不幸的人等内容包含进来。这一课程单元是幼儿园研发的课程单元当中最受幼儿喜欢的课程之一。

讲述故事、表演故事和制作班级图书

其他建立班集体的策略包括共同讲述一个故事、口述和表演故事以及制作班级图书。无论小组的规模大小，都可以开展共同讲述一个故事的活动。但是，小组人数少时，讲故事活动会进行得更顺利一些，这样幼儿就不用等太长时间就能讲述故事了。教师引入一个幼儿感兴趣的话题，比如，幼儿听过的觉得很吸引人的一个故事、学校里发生的一个特殊事件、幼儿在户外做的一些事情，等等。教师讲述故事开头，然后让幼儿继续讲下去。比如，教师可以说："从前，有几个小朋友想在户外堆一个雪人。雪非常湿，非常适合滚雪球，所以萨姆开始滚雪球，并且越滚越大。然后，发生什么事情了，考特尼？"考特尼接下去讲："它越来越大，但是后来艾丽森不小心跌倒在上面，然后萨姆生气了！"每个幼儿轮流来增加一些故事内容。

要想制作成一本班级图书，教师要把每个幼儿说的话单独写在一页纸上。故事讲完后，每个幼儿来说明故事中他讲述的部分。幼儿选择一个题目，然后由教师将这些纸覆膜装订成书。这些书会成为班集体爱的象征。

薇薇安·帕利（Vivian Paley）是一位非常著名的作家和早期儿童教育研究者，她研发了"口述和表演故事"这一技术。在使用这项技术时，教师要逐字逐句写下幼儿说了什么。教师可以提出一些问题，以鼓励幼儿为自己的讲述增加一些细节。比如，如果一个幼儿说"这有一朵花"，那么教师可以问一问这朵花的颜色、位置、气味和它发生了什么事情。然后，她可以鼓励幼儿把故事表演出来。把这些故事表演出来会非常的有趣，并且对那些语言表达技能不是很强的幼儿会有很强的激励作用和帮助。

在我做志愿者的一个班级里，我观察到了一个非常安静的5岁小男孩。我经常和孩子们一起口述故事，但是这个孩子从来不靠近我，加入活动。当我在这个班级里待了几个星期之后，我鼓励他过来试试。

起初，他的故事只有一句话，比如，"这有一条彩虹"。我如实地写下了他的话，他看到后非常高兴。时间久了，他发现一些在语言方面发展超前的小朋友能讲述一些很长的故事,他看起来很感兴趣。我问了他很多问题来帮助他拓展故事情节,比如,"彩虹是怎么到那儿的?之前下雨了吗?告诉我在彩虹出现在天上之前发生了什么。我喜欢看彩虹。那里有人看彩虹吗?是一个人还是一只动物?"渐渐地,他开始扩展他的故事情节,到了春天的时候,他也能讲述内容超过一页纸的故事了。他脸上的笑容和我记录用的大纸一样大,我们都非常高兴!他在班里表演他的故事,其他的孩子为他鼓掌,认可这个孩子取得了非常大的进步。他们的热情和友善感动了所有人。讨论班集体的建设吧!

教幼儿使用语言有很多的方式。作为教育者和提供支持的成人,我们的关注点应该是使他们能够识别并且说出他们自己的感受,管理他们的情绪,与其他人友好相处,并且感到自己是班集体的一份子,而在这个班集体里每个人都是被重视和被理解的。这种经历可以伴随他们整个受教育的过程,并且可以让他们在人际交往和学业上取得成功。

问题反思

1. 你期待幼儿怎样使用他们的语言？反思你的期待。你是否想到了幼儿的能力会影响你对他们的期待？如果想到了，那么它会有怎样的影响？如果没有想到，那么原因是什么？

2. 对于"预先制定干预措施从而使游戏继续进行下去，而不是打断游戏来解决幼儿的行为问题"这一观点，你怎么看？如果你有不同的视角，那你的视角是什么？

3. 想一想迈克尔，那个在自行车道上骑车很快，撞倒了另一个小朋友的孩子。对于他的教师采取的干预措施，你怎么看？在你的班级里有幼儿可以从相似的干预措施中获益吗？你的班级里的干预措施是什么样的？

4. 在帮助儿童学习解决与他人的冲突时，要认可幼儿的感受。对于这一观点，你怎么看？作为成人，你是否遇到过这种情况，即当你努力去解决冲突时，他人对你的的想法、经历和感受的理解给你带来了非常大的帮助？

5. 这章中的哪个策略对你最有吸引力？在你的班级里，你会怎样使用它？

6. 如果你觉得需要，修正你在第一章中列出的目标和价值观清单。

第六章

重新定义公平与聚焦目标

很多人认为,公平是指用相同的方式对待每个人。他们的理由是,如果人们被区别对待,那肯定意味着存在歧视和不公平。对公平的这种定义,经常导致教师聚焦于用结果和惩罚去应对班级中幼儿出现的不当行为。我对公平所下的定义完全不同:公平是指每一个人享有同等的满足自己需求的权利。

我对公平所下的定义意味着个体的需求并不总是相同的。在教室里,幼儿有不同的经历、技能水平和文化价值观。满足每一个幼儿的需求意味着规则有例外情况,或者对不同的幼儿应抱有不同的期待。当然,教师需要制定安全规则,设计一个基本的可预测的一日生活作息时间表,以及设定各种各样的期待,以构建一个高效的班级。然而,与此同时,在某些情况下对于幼儿的某些期待允许存在例外情况,也是必要的。弄清楚什么时候以及怎样"破例"是有效的、支持的、反思性教学的一个关键要素。

在思考怎样回应幼儿的挑战性行为时，一个有效的技巧是记住你为幼儿设定的目标，即你希望幼儿在学前阶段学到什么和获得什么。当我在教师培训工作坊中问老师们这个问题时，我通常得到以下回答：

- 自我控制能力。
- 合作能力。
- 社交技能。
- 学习的乐趣。
- 认知技能。
- 自信。

我没有得到类似于痛苦、羞辱、内疚或者羞愧这样的答案。但是，在幼儿园里，当幼儿被迫承担自己行为的后果或者被惩罚时，这些却是他们通常体验到的感受。在美国特殊教育州主管协会（National Association of State Directors of Special Education, NASDSE）的出版物《对位法》（*Counterpoint*）中，协会主席约翰·赫纳指出：

当孩子不知道怎么阅读时，我们来教。

当孩子不知道怎么游泳时，我们来教。

当孩子不知道怎么进行乘法运算时，我们来教。

当孩子不知道怎么开车时，我们来教。

当孩子不知道怎么表现时，我们来教……惩罚？

为什么我们不能像完成其他句子一样自动地完成最后一个句子呢？

作为幼儿教师，教幼儿表现出适宜的行为是我们的工作。

因为幼儿缺乏相应的词汇去描述和表达他们的情绪、情感，所以他们通过自己的行为来表达。他们很容易冲动，尽管他们正在学习自我控制能力，但是他们还不能完全掌握这种能力。即使是一个语言表达技能水平很高的幼儿，当他生气、害怕、受伤或者沮丧时，他也不能控制自己的冲动。因为知道怎么说，并不表示他自然而然就具有把语言转换成行动的能力。

敏锐地观察幼儿的行为是非常必要的。教师需要关注丹·加特雷尔提出的"错误的行为"发生的情境。丹·加特雷尔使用这个术语是为了强调"幼儿正在学习如何表现出恰当的行为"这一事实。从这个角度来看，我们很容易看到幼儿的挑战性行为不是他们故意为之的。了解这些行为发生的情境，能够促使教师更好地理解幼儿通过行为表达了什么样的感受，进而提供更多的提示去帮助幼儿解决他们面对的难题。把幼儿的这些挑战性行为看作有待解决的问题。在帮助幼儿学习的同时，帮助他们获得自尊、自信，改进他们的行为。

教师制定了一个长期的规则，就是在圆圈活动时间让每个幼儿都坐在地毯上贴着他们自己名字的标签上。4岁的萨曼莎说，她不想坐在她的名字标签上。

教师应该怎样回应呢？当我在教师培训工作坊展示这一问题情境时，我得到了以下答案：

● 规则就是这样的，萨曼莎。你应该坐在你的名字标签上。
- 萨曼莎,圆圈活动时间,大家都要坐在自己的名字标签上。
- 你不坐在自己的名字标签上是不公平的,因为其他小朋友都要坐在他们的名字标签上。

应对这一问题情境的另一种方法是,教师要思考萨曼莎真正想表达的是什么意思。萨曼莎"坚持"背后的意图是什么呢?理解萨曼莎的行为,能够指导教师做出适宜的回应。萨曼莎仅仅是为了操控和反对老师吗?很可能是。学龄前儿童为了了解自己的界限和能力,会尝试着尽可能在生活中获得更多的控制权。对于他们来说,这是正常的,也是和他们的发展水平相宜的行为。同时,还有很多其他的原因。比如,或许萨曼莎想要让自己与众不同,想要别人认可自己。或许她能够很好地控制自己的身体,在圆圈活动时间不需要名字标签也能好好地坐着。

事实上,如果教师认为在圆圈活动时间萨曼莎没有名字标签也能表现得很好,那么我的建议是满足她的愿望。但是,当我提议可以破例对待时,老师们变得很紧张!他们担心如果为萨曼莎破了例,那么班级里其他幼儿可能都想把自己的名字标签扔掉,这样教师在教室里就失去了权威,教室将会再次变得一团混乱。

可以考虑这样做:当前,如果所有的幼儿在圆圈活动时间都不再需要名字标签,那么就把所有的标签取下来。如果其他幼儿仍然需要名字标签，那么就允许萨曼莎破例，同时保留其他幼儿的名字标签。规则本身并不重要，规则背后的目标才是最重要的。如果一个幼儿不用遵守规则就能达成规则背后的目标，那么这个规则对于这个幼儿来说就是不必要的。

在很多情况下，教师都可以通过不那么引人注目以及不公开讨论的方式破例对待个别幼儿。在这个案例中，教师可以单独对萨曼莎说："你知道吗，萨曼莎，我认为你说得对。圆圈活动时间，即使没有名字标签，你也能很好地管理自己。那就让我们把它取下来看看会发生什么吧！这就是你的圆圈活动安排。"其他幼儿可能根本就没有注意到这种变化。如果他们发现并且问到这种变化，教师可以说："萨曼莎让我把她的名字标签取下来，因为在圆圈活动中她不需要名字标签的帮助也能在地毯上找到自己的位置。我注意到对于很多小朋友来说，在圆圈活动中，仍然需要名字标签来帮助自己好好坐着，所以我打算让小组里的大部分小朋友继续使用名字标签。有时候，有个别小朋友需要一个特殊的安排，这是没问题的。当其他小朋友有需要的时候，我也会为他们做出特殊的安排。"

尽管在学前机构中为幼儿设定一些行为准则和期待是合理的，但是幼儿违反了准则就必须承担后果则是不合理的。在一个教师培训工作坊上，我讲述了做一个反思型教师的重要性。一个勇敢的参与者自愿分享了她针对幼儿的身体攻击行为制定的规则："如果你打人了，你就得坐下。"也就是说，如果一个幼儿打了另一个幼儿，那么攻击者必须离开活动区域，坐下来独处一段时间。这个规则的积极方面在于，它向幼儿表明，身体攻击行为是不被接受的并且是要被处罚的。然而，对于幼儿的打人行为来讲，这个规则并不是一个有效的办法。教师可能希望的结果是当一个幼儿被强制坐下来待一会儿时，他会反思自己的行为，但是事实往往并不是这样，这个幼儿很可能会带着生气和怨恨的情绪忍受一段时间，直到他能重新去玩，他并没有学到任何新的技能去帮助他处理下次可能让他感到挫败的情境。

幼儿对同伴的攻击性行为出于不同的原因，每一种情况都有所不同。比如，一个幼儿可能因为在排队去户外活动时跑得不够快，没能排到第一个而感到沮丧，所以就推了他的同伴。另一个幼儿因为自己的作品也需要大型积木，所以就打了一个坚持使用所有大型积木的小朋友。第三个幼儿在表演区打了一个同伴，因为那个幼儿把他正在玩的扫帚夺走了。上述每一种情况都可以成为问题解决和学习的机会。对于经常诉诸于身体攻击手段来回应同伴的幼儿，教师需要进行团队合作，根据幼儿的个人情况和需求制订一个个别化干预计划。我们将在下一章详细讨论这样的计划是怎样制订的。

故事时间，老师招呼孩子们坐在地毯上，但是小男孩尼克很难安静地坐着。开始，老师只是提醒他安静地坐好——一种对于教师来说合理的干预方式。尼克安静了一会儿之后，又开始在地毯上乱动，干扰旁边的幼儿。老师坚定地要求尼克停止打扰他旁边的小朋友，因为这使得其他小朋友难以集中精力听故事。尼克安静了片刻,但是他很难保持专注,于是又开始扰乱旁边的幼儿。

老师被尼克的行为激怒了,她要求尼克来地毯前,面对墙,然后独自坐在全班同学前面。

当我在教师培训工作坊上展示这个案例时,老师们通常都会对案例中这位教师的做法持否定的态度。听完这个故事后,对于这个被羞辱的小男孩,我们很容易产生同情。与此同时,我们也能理解教师的沮丧情绪,因为小男孩的行为会令其他小朋友分心,干扰了他们,也的确影响了教师正在开展的集体活动。

当我向工作坊的老师们寻求其他干预尼克行为的措施时,他们通常会给出以下好点子:

- 让尼克坐在凳子而不是毯子上,这样能帮助他更好地控制自己的身体。
- 让他手里拿着一个减压小玩具,比如一个软球,让他有事可做。
- 让尼克帮忙给故事书翻页,这样就把他从同伴身边带离开了,同时也给他提供了一个机会,让他感到自己是有用的和特别的。
- 使用彩色不透明胶带在地毯上勾勒一个圆形或者正方形,把地毯上的空间划分得更清楚,这样尼克就可以清晰地辨认出自己应坐的位置。

有时候，对于上面这些点子，教师会表达他们的担忧，他们会问："这不是在奖励坏行为吗？别忘了，尼克正在干扰他的同伴，而接下来老师却要给他提供一个特殊的机会，去当故事书的翻页者。"请记住，我们的目标不是让尼克为他的错误行为负责，而是让他学会适宜的行为。

有时候，教师也担心其他幼儿为了得到这种"奖励"会故意表现得不好。是否能避免这种情况，完全取决于教师如何呈现自己的干预措施。教师可以简要地对尼克和他的同伴解释说："尼克，很显然，今天你很难让自己的身体安静下来。我认为，做一些活跃的事情可能对你有所帮助。你来做今天故事书的翻页者怎么样？"对于班里的大多数幼儿来说，这个解释可能就足够了。如果有一两个幼儿也很想当故事书的翻页者，教师可以这样回应："这是一个好主意！但是，今天尼克真的需要使用他的身体来做能帮助大家而不是伤害大家的事情，所以我认为应该让他做我们今天故事书的翻页者。你能让自己的身体安静地坐好，所以我们都能听这个故事。明天，我会让你做故事书的翻页者。"这个回应认可了幼儿想要扮演一个特殊角色的愿望。同时，教师通过表扬幼儿在小组活动中安静良好的坐姿，强化了他们的适宜行为，也解释了为什么这项工作对尼克尤其重要，进而鼓励其他幼儿对尼克产生同情。

班级里有一条规定：自由活动结束的时候，所有的积木都要被放回箱子里。一组小男孩用乐高积木搭建了一些很棒的小车，当整理时间到来时，他们把小车藏起来，没有放回箱子里。

如果教师被他们的行为激怒，我们一定都能够理解，毕竟幼儿没有遵从教师提出的整理要求，违反了班级规则，导致下一批在建构区玩耍的幼儿没有充足的积木玩。然而，在反思了幼儿行为背后的原因后，教师就可能采取不同的反应方式。

这些幼儿在他们的建构作品上花费了很长时间。可能，他们只是不想放弃令他们自豪的作品。我把这个案例展示给很多老师看，得到了一些具有创意的建议：

- 给男孩们搭建的小车拍一张照片，然后把照片贴在班级里一个光荣的位置。
- 集体活动时间，让男孩们把自己的作品展示给同学们看，并解释他们搭建了什么，以及是怎样搭建出来的。然后，他们就可以把积木收起来。
- 把男孩们搭建的小车在班级的架子上放一天，这样在把它们放回箱子里之前他们还可以看到。

上述所有这些方法都能实现"让幼儿及时把乐高积木放回箱子里，以便让其他幼儿有机会使用"这一目标。这些方法把焦点放在发现和欣赏幼儿的创造力上，而不是幼儿拒绝将乐高积木及时地放回箱子里。通常，在问题行为发生之前，教师能够阻止它们。教师提前制订计划，能够帮助幼儿获得成功。

玛丽亚和罗丝喜欢在户外玩追逐游戏，她们可以玩上一整天。当户外时间结束铃声响起时，孩子们就应该到门口排队。然而，玛丽亚和罗丝跑回操场藏了起来。第一次发生这种情况时，老师让配班老师把她们两个从院子后面带过来，以便自己能和其余的孩子待在一起。老师用十分明确的语言告诉她俩，她们听到铃声时必须来到门口。第二次发生这种情况时，老师告诉她们必须坐在门廊上不许去玩，因为她们没有遵守规则。

　　此后，老师想到了一个更好的应对这种情况的方法。在铃声响起之前，老师把手臂放在玛丽亚和罗丝的肩膀上说："宝贝们，猜一猜！铃声就要响起来了，你们两个今天能最先到达门口！让我们一起！"她们没有机会跑掉，因为老师用双臂搂着她们。教师"让最先来到门口变成了一件有趣的事情，而不是户外游戏的悲伤结局"。

　　在问题行为发生之前，这位教师走到女孩们身边，从而阻止了她们跑掉，也把她们的消极行为变成了积极的行为。她鼓励两个女孩排在队列前面，以一种更有效的方式让她们感到自己是特别的和重要的。

　　教师有很多机会可以通过反思幼儿行为背后的动机以及提前制订计划，来阻止幼儿出现类似的问题行为。要想成功地关注目标而不是结果，教师必须明白公平是指满足每一个幼儿的需要，也必须认识到幼儿的需要并不都是相同的。当你的目标是让幼儿表现出适宜的行为，而不是让他们承受错误行为带来的痛苦时，寻找问题解决策略就变成了自然而然的事情，班级里的每一个人都会受益。

问题反思

1. 你怎样定义公平？
2. 对于"教师要把关注点放在班级规则想要达成的目标而不是班级规则本身"这个观点，你怎么看？
3. 想一个在你的班级里表现出破坏行为或者挑战性行为的幼儿，你认为他通过这些行为想要达成什么目的呢？哪一种问题解决策略可能会对这个幼儿有效？
4. 对于本书中描述的尼克的例子，你怎么看？你认为让他成为故事书翻页者是对他坏行为的奖励吗？或者，你对此有不同的看法吗？在这种情境下，你会对尼克做出什么样的反应呢？
5. 如果你觉得需要，修正你在第一章列出的目标和价值观清单。

第七章

进行个别化干预

当一个幼儿频繁地攻击同伴，不回应教师的要求，占用了教师大量的时间和精力来确保自己和其他幼儿的安全时，教师应该怎么做？这是大多数教师都害怕面对的一项挑战。选择和幼儿在一起工作的人发现，幼儿表现出来的活力和好奇心是非常迷人的、是振奋人心的。他们很享受和幼儿在一起，愿意了解每个幼儿的独特性。但是，当面对有过度破坏性行为且需要教师给予过多关注和时间的幼儿时，教师对自己这份工作的喜爱之情就要打一个问号了。教师可能会感到挫败和生气，觉得自己无法满足这个幼儿的需求。在这种情况下，制定个别化干预策略至关重要。

发展适宜性教育实践告诉我们，对于教师和幼儿园来说，接纳每个幼儿当前所处的发展水平是非常重要的。正如幼儿需要为入园做好准备一样，幼儿园也要为幼儿做好准备。这种灵活性和适应性是高质量的早期教育项目的最大优点之一：教师努力创设悦纳每个幼儿的环境，尽管他们可能面临幼儿行为上的一些挑战。然而，沃尔特·吉利姆在耶鲁儿童研究中心的研究中发现，在由国家资助的学前教育机构中退学的幼儿的数量基本上是公立学校中从幼儿园到12年级的3倍。他还发现各类学前机构的退学率不同：以宗教为基础的、以营利为导向的和其他以社区为基础的学前教育机构中的退学率远高于"开端计划"或以学校为基础的学前教育机构。吉利姆发现，在那些幼儿教师能够定期接受有关幼儿行为治疗和心理健康咨询的学前教育机构中，退学率要低得多。这意味着当幼儿教师接受了他们所需要的能够改善幼儿行为的培训和支持时，他们便能够使幼儿在他们的学前教育机构获得成功。

《残疾人教育法》(Individuals with Disabilities Education Act, IDEA)是一个联邦法案，这个法案的落实确保了那些被诊断为有特殊需要的儿童，能够获得他们想要成功所需要的服务。许多有特殊需要的儿童是在出生时或出生后不久就被确诊的，然而还有一些有特殊需要的儿童较晚才被确诊——通常是在学前教育阶段。当一个儿童被诊断出有特殊需要时，人们就必须制订一个计划来满足这个儿童的特殊需要，比如，针对婴儿和学步儿的个别化家庭服务计划(Individual Family Services Plan, IFSP)或针对较大儿童的个别化教育项目(Individualized Education Program, IEP)。

这类为有特殊需要的儿童制订的计划是不同于个别化干预策略的，个别化干预策略是为那些表现出挑战性行为但并未被诊断出有特殊需要的儿童制订的。然而无论哪种情况，一项经过慎重考虑的计划都将促使家长、教师以及相关工作人员共同努力为这个儿童获得成功提供尽可能最好的支持。本章，我们将探索一些作用于这类儿童的策略，他们表现出挑战性行为，但并未被诊断出有使用个别化家庭服务计划或个别化教育项目的特殊需要。

贯穿本书，我们一直在探索与幼儿家庭建立联系，并运用反思性策略来理解并帮助幼儿获得成功。家庭是一种重要的资源。通过与幼儿家庭建立一种信任的关系，教师能够就幼儿的挑战性行为与家长进行开诚布公的交谈。当家长信任教师并感到被教师接纳时，他们更有可能与教师一起积极地探索和解决幼儿在幼儿园中出现的行为问题。另外，当家长与教师建立了信任关系，并知道他们的初衷是为了孩子时，他们就更有可能听从教师提出的关于让幼儿接受外界评估和干预的建议。

理解了导致幼儿出现挑战性行为的潜在冲突、需求和家庭问题后，教师就能动力满满、精力充沛地帮助这类幼儿获得成功。教师们总是担心，为一些幼儿制定个别化干预策略对于班里的其他幼儿是不公平的。教师可能会想，具有挑战性行为的幼儿平常已经占据了自己很多的时间，如果再运用个别化干预策略，那么自己将会

> **注意：** 具有挑战性行为的幼儿占据了教师很多的时间，这让教师认为，制定个别化干预策略会导致她将更多的精力投入这类幼儿身上。恰恰相反，经过慎重思考后的干预策略，将会让教师有更多的时间与班上的其他幼儿互动。

第七章　进行个别化干预

把更多的精力投入这类幼儿身上。其实恰恰相反，教师会发现，只要干预措施经过了慎重思考，她将有更多的时间与班上的其他幼儿互动。

要想成功实施这种个别化干预策略，还有一些要素和前提条件必须注意：

- 要灵活，要在对幼儿的发展抱有恰当期待的情况下评估幼儿表现出适宜行为的能力。
- 认识到挑战性行为并不是幼儿有意为之的，且可能不受幼儿的控制。
- 要有耐心，要坚持运用某种个别化干预策略一段时间，不要期待幼儿的行为能够立即得到改善。在大多数情况下，个别化干预策略应该持续使用几个星期而不是几天。
- 在班级建立一种集体归属感，承认幼儿的能力存在个体差异。有时，幼儿需要你为他们制订特别的计划，这是正常的。
- 理解每个人都有需求得到满足的权利，而且不是所有的需求都是相同的。

其他能促使个别化干预策略成功实施的要素，包括来自监督者或者园领导的密切监督和支持。监督者和园领导需要帮助教师制定适宜的个别化干预策略，支持他们实施计划，并且帮助他们评估这些策略的有效性以及在必要时修改计划。有了同事和指导者的支持，教师制定和实施这些策略就

第七章 进行个别化干预

容易了很多。

教师们常常感到很焦虑,他们不但要研究每周的课堂计划表,还要为班上的每个幼儿制订特别的计划。然而,大多数幼儿根本不需要特别的计划;对于那些具有挑战性行为的幼儿,特殊的干预策略能够帮助他们学会适宜性行为。

有很多种方法来制定个别化干预策略,这些方法构成了一个连续体。在连续体的一端是家长、教师、管理者,如果必要的话还有心理健康专业人员,大家一起来制订一个正式的干预计划。对于一些严重的情况,可能还需要另外一个成人来帮助监督和指导幼儿,因为幼儿的行为使他自己和同伴很难安全地一起游戏。一些机构有这方面的资金支持。其他机构则会在某些幼儿感到极其艰难的时段,请流动教师和助管进入教室。在连续体的另一端是教师给幼儿分配一个特殊的任务、工作或机会,即专门为他制订一个"特别的计划"。个别化干预的理念必须成为班级文化的一部分,并且被看作为所有幼儿提供的一种选择,而不仅仅是为了那些表现出严重的挑战性行为的幼儿提供的。

当教师花时间去观察某个幼儿,反思他的行为并了解了他通过这些行为满足了哪些需要时,他就能更好地确定是需要一些简单的干预方法,还是需要一种具体的干预策略。经过深思熟虑和精心设计的个别化干预策略,能够使幼儿表现出更适宜的行为,教师也因此不需要整天干预和

> **注意:** 个别化干预的理念必须成为班级文化的一部分,并且被看作为所有幼儿提供的一种选择,而不仅仅是为那些表现出严重的挑战性行为的幼儿提供的。

处理幼儿的挑战性行为。

个别化干预策略有这样几个重要的功能。它们能提供额外的支持来帮助幼儿用更适宜的方式活动，教给幼儿用更适宜的方式与同伴互动，允许幼儿有更多的时间和空间来遵守集体规则，或者不以集体的标准来衡量他，而是对他抱有另一种期待。积极干预能够使教师避免与幼儿发生权力上的争夺和冲突。此外，积极干预的策略也能够帮助某个很难静下心来参与活动的幼儿沉浸其中。无论哪种干预形式，其目标都是使幼儿恢复到正常状态，或者帮助他们在班上以一种更高、更适宜的水平发挥作用。希望随着时间的推移，幼儿将不再需要特殊的策略。

结构设计和提供支持

在过渡环节或自由选择时间，有些幼儿看起来很崩溃。当他们完全参与到游戏中时，他们可以很好地管理自己，因为游戏的结构设计为他们带来一种自信和能胜任的感觉。然而，在游戏结束，即将开展预设活动的间隙，他们就会迷失自我。对于幼儿来说，他们在这段时间内会感到很恐慌。有时，他们会漫无目的地在教室里走来走去，或者由于焦虑而攻击他人。对于这类幼儿来说，教师引导他们度过这段时间，能够帮助他们保持专注，让他们获得安全感。有很多方法可以帮助教师做到这一点：

● 教师可以在整理时间邀请这个幼儿当他的助手。

- 当幼儿穿衣服准备到室外活动时,教师可以请这个幼儿来帮助他。
- 教师可以给这个幼儿指派一项特殊的任务,比如,负责开关门、在点心时间分发餐巾纸、在圆圈活动时间当故事书的翻页者等。

教师可以有无数的方法来让幼儿感到自己是重要的、特别的。这些温和的干预方法也支持了幼儿的社会性学习。

3岁半的特里总是攻击他的同伴。比如,他在玩火车的时候,如果另一个幼儿经过,他就会把这个幼儿推开。其他幼儿正在玩积木,如果他也想加入其中,他可能会走过去夺走某个幼儿手中的积木或攻击这个幼儿。他的这种行为激怒了他的老师,老师说他的这种行为很莫名其妙。

通过系统地观察和反思特里的行为,他的老师了解了很多信息。特里并不知道如何接近同伴以加入他们的游戏,而且他可能认为同伴对于他正在做的事情是一种威胁。特里的老师想出了一些办法来帮助他学会用更适宜的方式与同伴互动。她注意到,在自由游戏时间,特里经常会出现攻击性行为。于是,她每天都陪着特里到游戏区,和他讨论他最想探索什么东西。然后,她帮他取出材料并找到一个空间,让他能够独自游戏;或者如果他对小组游戏感兴趣,她就会把他带到其他幼儿面前,教他用语言去询问其他幼儿,他是否可以玩游戏。当他想独自进行一个项目时,她会教他告诉其他幼儿他想独自工作，现在不想和任何人玩。虽然这种个别化干预策略最初确实占用了教师的一些时间，但是相比教师必须频繁地应对特里的不恰当行为，它给幼儿的自主游戏顺利进行带来的破坏性要小得多。

群体期待之外的选择

有些幼儿很难实现教师设定的班级期待。尽管他们的行为表面看起来是一种叛逆行为，但是通常驱动这些行为的是他们的一种需求。

4岁的奥利维娅经常沉浸在使用各种材料进行艺术探索的活动中。当她听到整理材料的音乐响起时，她就会情绪失控。她会号啕大哭或者喊叫："不！我还没做完呢！"

奥利维娅是一个沉浸在自己的探索世界中的幼儿，而且她很难从一个活动转换到另一个活动。对于这样的幼儿，教师即使在活动过渡前5分钟进行提醒，也不足以帮助她进入下一个活动。奥利维娅的老师认为，如果为奥利维娅设置一个煮蛋计时器，并在其他幼儿开始整理之后，再多给她两分钟时间，可能会对她有所帮助。这种方法使奥利维娅有机会带着一种更强的控制感来完成她的工作。她的心情平静多了，而且能够顺利地进入过渡环节。

许多幼儿园使用任务图来帮助幼儿学习如何在班集体中发挥作用。一般来说，幼儿都喜欢做不同的任务，每周轮换一次。当一项任务结束后，他们也很乐意继续完成下一项任务。然而，偶尔某个幼儿会很难放弃他喜欢的工作。而且，通常年幼儿童不知道如何表达他们的感受，可能会表现出一些破坏性行为。

卡丽3岁了，她很喜欢当午餐助手。这个工作是每周轮换的，所以每隔两个月，每个幼儿就能当一周的午餐助手。在不当午餐助手的日子里，幼儿也会有别的班级工作要做。然而，卡丽只希望自己能早一点结束圆圈活动去当午餐助手。如果没轮到她帮忙，她就会很难过。她会哭，很难专心听老师讲课，也很难与别的幼儿一起活动。

能当午餐帮手，让卡丽觉得自己很特别，其他的班级工作不太能吸引她。在没有轮到卡丽当午餐助手的日子里，老师都会尽力安慰她，但这使圈圈活动时间正在变得具有挑战性。老师认为，她必须解决卡丽的失望和沮丧问题。

积极思考之后，她决定找一个能吸引卡丽兴趣的任务。她让卡丽给教室里的两株植物浇水，周二浇一株，周四浇另一株。她和负责安排午餐的搭班教师商量，请他监督卡丽给植物浇水，他同意了。然后，她把计划告诉卡丽，对她说："卡丽，我一直在思考关于圆圈活动的事。我知道，在你不当午餐助手的日子里，你很难快乐地参加圆圈活动。我总是忘记给我们教室里的两株植物浇水。你能帮帮我吗？周二浇一株，周四浇另一株。你觉得怎么样呢？你愿意接受这个特别的计划吗？"

毫不奇怪，卡丽很喜欢这个计划！老师教她如何把水倒进喷壶里、如何使用喷壶。老师制作了一个日历，上面有简单的图片，让卡丽一看到这个日历就知道哪天该给植物浇水了。她喜欢每天核对这个属于自己的特别的日历，喜欢教师帮她把水弄到喷壶里，喜欢每周有两天可以提前离开圆圈活动，而且尤其喜欢这个任务让她觉得自己很重要。尽管她并没有每天做这项工作，但它的作用是惊人的，它帮助卡丽感到自己在班级中很受重视。

协助幼儿独立选择

由于许多学龄前儿童能够独立选择游戏，所以教师有时会忘记独立选择对这个年龄段的儿童来说其实是一个很高的期待。教师期待幼儿能环顾整间教室，选择一个看起来很吸引人的活动区域，拿出材料，在区域内进行适宜的游戏，并与该区域的其他幼儿进行友好的互动。当他们完成一项活动后，他们一定要再次环顾教室，找到另一个看起来很吸引人的区域，然后在这个区域采用适宜的方式操作游戏材料并与同伴互动。这些要求对学龄前儿童来说有点太多了！因此，如果有些幼儿觉得这些要求很难做到，并且需要额外的帮助才能找到自己喜欢的活动并参与其中，也就毫不奇怪了。

3岁的乔瓦很难投入活动中。他在教室里漫无目的地走来走去，偶尔拿起一个玩具或拼图玩几分钟，接着又走来走去。教师有时对他很无奈，因为他没有真正花多少有效的时间在自己选择的活动上。提醒他应当完成自己的拼图也没有什么效果，而且教师发现，她正在频繁地要求乔瓦把他扔在教室各处的玩具收拾好。

在和乔瓦的监护人讨论了这个问题后，教师决定对乔瓦集中观察一段时间。她注意到，乔瓦似乎不知道如何投入他所选择的活动中。她制订了一个计划，每天与乔瓦就他想玩什么进行一次单独的谈话。她会基于自己对乔瓦的游戏偏好的了解给他提供一些建议，比如，她会说："乔瓦，今天的架子上有一张新的非常有趣的汽车拼图，你可能想尝试一下哦。或者，你可能喜欢用树叶画画。你想先做哪一个呢？"教师通过询问乔瓦他想先做哪个活动限制了他的选择，并帮助他集中注意力。

在他做出选择之后，教师就和他一起走到那个区域并协助他动手操作。几分钟后，教师说："哇，乔瓦！这个拼图很有挑战性，没想到你这么快就拼出来了！我现在要去看一下表演区里的小朋友们游戏进行得怎样了，但是我还会看着你哦。你拼好后，就把它拿给我看！"乔瓦开始活动时，教师花了几分钟时间陪伴他，教师就像一根锚一样，帮助乔瓦踏下心来投入活动。一旦乔瓦全神贯注地进入探索状态，教师就告诉他，即使不在他身边，她也会一直看着他。通过这种方式，教师依然和乔瓦保持着联系。

大多数学龄前儿童不需要特别的计划，就能表现出适宜的行为。然而，对于那些很难投入活动中、很难过渡到其他活动或者很难与同伴建立关系并维持这种关系的幼儿来说，特殊的干预策略可以帮助他们表现出适宜的行为。

应对幼儿的挑战性行为

教师偶尔使用个别化干预策略，就能使大多数学前儿童表现出适宜的行为。然而，幼儿有时会表现出一些在身体、情感上伤害他人，或者扰乱课堂秩序使其他幼儿无法正常学习的行为。为了弄清楚幼儿的哪一类行为需要更为频繁的个别化干预计划，回顾一下丹·加特雷尔是如何把幼儿的不当行为描述为错误行为的，对我们会有帮助。丹·加特雷尔在他的著作《营造鼓励性班级氛围的指南》（*A Guidance Approach for the Encouraging Classroom*）中描述了错误行为的三种水平：

- 第一种水平：试验行为。
- 第二种水平：社会性习得行为。
- 第三种水平：因强烈需求未被满足而出现的行为。

第一种水平是指幼儿试验行为，以探索这种行为给他们带来的感受，以及自己会从成年人和同伴那里得到什么样的反应。这种行为主要是指幼儿从别人身上观察到的行为，然后他们自己亲身体验。第二种水平的行为是指幼儿从受欢迎的同伴身上看到的各种行为。这些受欢迎的同伴看上去拥有一定的领导能力，或者在班级中很受大家拥戴。在看到这样的同伴取笑别的小朋友或者第一个冲到门口去排队之后，他们也可能这样做。社会性习得行为也包括一些积极的行为，比如，发挥创造性思维想出游戏的点子以及耐心、善良、慷慨等。然而，当社会性习得行为有害时，教师必须及时采取措施，以帮助幼儿理解为什么这样的行为是不被接受的。幼儿一旦了解了为什么这样的行为是不明智的，通常就会停止这些行为。前两种水平的错误行为一般是很容易应对的，因为它们在幼儿的心里并非根深蒂固的，所以更可能通过对它们做出反应来改正它们。

第三种水平的错误行为源于幼儿未被满足的强烈需要，并且来自幼儿心理上的一种力量。它不是简单地指幼儿试验或者反思自己从同伴身上看到的行为。它也并非教师的一两句解释，或者分散幼儿的注意力、与幼儿交流就能改变的行为。加特雷尔指出，表现出这类错误行为的幼儿并非故意在惹麻烦或者在某种程度上很难相处。要想解决幼儿的这类行为，教师需要专门为幼儿制订一个个别化干预计划来满足他们的需要，帮助他们克服自己的弱点。

一个经过深思熟虑的干预计划是帮助幼儿学习更适宜的行为的有用工具，如果不使用这样的干预计划，那么随着幼儿年龄的增长，他们将出现更具挑战性的行为。

我在一所托儿所做咨询时，曾经观察到一个2岁半的小男孩，他的态度非常专横。他是这个班年龄较大的孩子之一，即将升入幼儿园了。他的语言能力发展得很好，但是他有时候说话非常刻薄。他会抢其他小朋友的东西，并且告诉其他小朋友他们创作的艺术作品很难看。有一次，趁老师没看见，他居然在另一个小朋友的背上画画。这位老师非常细心，也很有才能，却对这个男孩感到十分头疼。她尝试干预他，引导他，并教他在想要某种东西时使用一些友善的话语。尽管她做出了各种努力，但是这个男孩的错误行为仍旧在继续。她已经绞尽脑汁了。这个男孩的妈妈即将给他生一个小弟弟或者小妹妹，这可能是导致男孩表现出错误行为的原因。据老师说，他的父母也很难给他设定限制，他在家里是个小霸王。

我们一致认为，这个小家伙需要大家来帮助他停止自己难以控制的攻击性行为模式。尽管一些攻击性行为对于2岁的儿童来说属于正常行为的范畴，但是家长和教师必须告诉这个男孩与同伴互动的其他替代性方式，并且必须强调攻击性行为是不被允许的。于是，我们制订了一个计划。

当这个男孩使用刻薄的语言或者不太温柔的动作对待其他幼儿时，教师可以首先建议他选择一些在这种场合下被人们接受的替代性语言或者动作。如果他当时过于兴奋或者激动而听不进教师的话，那么就把他带到一个地方，让他独自待一会儿。他可以继续玩他自己喜欢的活动，但是只有在他表示愿意使用友善的语言和温柔的动作后，他才能和其他幼儿一起玩。在独处了一段时间后，他可能会对教师喊道："老师，我现在愿意使用友善的语言和温柔的动作了。"这时，教师就可以允许他加入小伙伴的游戏中。他的行为就这样逐渐有所改善了。

就在这次咨询和干预研究不久之后，大家又聚在一起就这个男孩升入幼儿园进行了讨论。幼儿园的主班老师认为，在他的班上并不需要干预计划。既然他将要和那些个头比他大、年龄比他长、经验比他丰富且能为他示范更棒的社交技能的幼儿在一起，那么我们就都希望他的行为能够得到改善。

一年多以后，我观察了他所在的幼儿园班级。我发现，这个4岁的男孩已经变成了这个班级的暴君。他戏弄和奚落其他幼儿，老师则不厌其烦地提醒他不要这样。老师把这个男孩安排到了教室里的另一个区域，结果这个男孩和一组新的小伙伴又产生了新的问题。这位教师正在加重这个男孩的破坏性行为和攻击性行为。我很难过看到这个男孩的行为严重了。我还记得当时在我们的干预下，他的行为改善了。他现在的行为模式已经很牢固了，所以我们需要仔细制定一个综合性干预策略，以帮助他学习如何改变欺负人的行为，更好地建立起同伴关系。

最初的干预计划成功的关键在于教师实施它的方式。当初，如果他的第一位老师是用惩罚的口吻跟他说话并且因为他很淘气而让他独自玩，那么最初的干预计划就不会那么有效。教师需要干预，并在成人给予的一些帮助下核查这个小男孩是否能改善自己的行为，是否能使用更适宜的语言跟他人互动。她向小男孩建议使用其他语言，或者选择另外一种行为来满足自己的需要。有时，教师的建议很有用，可以让这个男孩当下就使用它们，这样他就能和小伙伴一起继续玩下去了。有时，他可能并不愿意接受这样的建议，那么教师就必须给他点时间让他独自游戏，以便他能准备好以一种更加平和的方式重新加入小伙伴们的游戏中。

这一案例表明，很多时候幼儿的确需要教师为他们制定一个个别化干预策略来帮助他们学习如何改变不当的行为。即使在这种情况下，干预策略也是为了帮助他们学习，而不是为了让他们感到痛苦而制定的。如果幼儿在与他人合作方面存在困难，那么让他独自玩他喜欢的东西，便为他提供了一种发泄的方式。这种做法也明确地告诉幼儿，伤害别人是不被容忍的行为。

设计个别化干预策略

要想了解幼儿的需求和弱点，教师必须进行一些聚焦式观察并且经常向幼儿的家长以及同事咨询。在这个阶段，教师的主要目标是观察幼儿的行为模式，提出如下问题：

- 这一行为在一天中的某个时段会出现得更频繁吗？
- 这一行为在某些幼儿身上出现得更频繁吗？
- 这一行为在过渡环节出现得更频繁吗？
- 幼儿在生活中是否发生了什么事影响到了他的行为？

通常来说，当教师第一次注意到幼儿的这些挑战性行为时，它们好像是凭空而来的，没有缘由。然而，驱使这些行为出现的原因，通常是幼儿不知道如何通过有效的方式来满足自己的某种需要。

在对幼儿进行了聚焦式观察并且做了相关记录之后，一种行为模式就会显现出来。反思一下自己通过探索、观察以及讨论所得到的信息，教师就能够设计一个干预策略来帮助幼儿表现出适宜的行为。即使教师不能十分确定是什么在驱使着幼儿的这种行为，也可以根据自己对该幼儿的发展现状和家庭环境的已有了解形成一个构想。一旦把这个策略付诸实践，教师就要根据幼儿的需要做出必要的调整。这一切都要求教师承担起帮助幼儿更好地发展的责任。当教师将幼儿的行为看作他只是在为了满足自己的需要而努力时，教师就能够理解幼儿并拥有充足的精力来实施干预策略。

在圆圈活动时间，亚历克斯喜欢运用肢体打扰坐在他附近的小朋友。当老师尝试着组织小组活动时，他也会打断她，并且做一些傻傻的、想要引人注意的举动。他的老师尝试过多种干预方式：让他坐在她旁边、让他帮忙翻故事书的页码、给他一个豆袋椅让他坐，等等。但是，没有一种策略对他长期有效。

在努力为亚历克斯寻找干预方式的过程中，他的老师反思了他的表现。她意识到，当亚历克斯被要求坐在小组中时，他就会出现破坏性行为。她知道，亚历克斯尤其喜欢玩拼图，这一活动能够让他集中注意力并安静下来。于是，她决定在圆圈活动时间，让亚历克斯坐在旁边的一张桌子旁玩拼图。这对于他来说将是一个很好的计划。

尽管有一些学前儿童能够坐下来参与20分钟左右的大

组活动，但是很多儿童都做不到。一些发展较为滞后的幼儿更是难以完成这一任务，但是即使发展正常的幼儿也会觉得大组活动时间是一种挑战。教师可以运用多种策略来帮助幼儿成功地度过大组活动时间。他们可能会让幼儿坐在一名成人的旁边甚至成人的膝盖上，这样做对某些幼儿来说可能会有帮助，会让他们感到安慰。对于正在探索物理边界的幼儿，教师可以给他们单独提供一把椅子，而不是让他们坐在地毯上。对于有着轻微感统问题的幼儿，一个豆袋椅就是一个不错的解决方式。对于需要到处走动而不是坐着的幼儿，让他们帮忙翻故事书的页码，可能是一种有效的策略。还有一些幼儿，让他们手拿一个软球或者其他的减压小玩具就很好。这些都是适宜且有效的策略，教师可以尝试使用它们来支持幼儿。

然而，对于某个特定的幼儿来说，有时候这些策略一个都不管用。在这种情况下，教师必须找到一个无须成人直接监督就能让幼儿一个人可以好好进行的活动。这个替代性活动不是在奖励幼儿的"坏"行为，而是为了满足幼儿的需要，让他们在班级中表现出适宜的行为。教师只需要简单解释说"这个小朋友正在努力学习一种特殊的技能，我们需要为他制订一个特别的计划"，班级里的其他幼儿可能就接受了。

在亚历克斯的案例中，他在大组活动中很难集中注意力。教师通过让他在大组旁边玩拼图，正在帮助他做到这一点。他可以听见圆圈活动正在开展什么，也可以跟着学习唱歌，还可以看到最新呈现的材料，同时他能够让自己保持专注和安静。

　　幼儿是在依赖性需求得到满足的过程中学习独立的。伴随着自己想要独立做一件事的需求的满足，亚历克斯安静坐着的能力提升了。在使用这个策略一段时间后，老师可以让亚历克斯逐渐回到圆圈活动中。一开始，让他坐在一个成年人旁边并且只待5分钟，然后离开圆圈活动去玩拼图。慢慢地，让他在圆圈活动中待的时间长一些。通过为他提供这样一个出口，教师给了他时间，让他将这一必要的技能内化于心。

　　他可能需要将这个特殊的计划持续使用一个月，也可能需要更久。随着时间的推移，教师可以评估他的表现，然后决定什么时候以及如何调整或者结束这个计划。

　　通过识别幼儿的不同技能水平并为其制订方案，教师促进了幼儿的成长。同时，他在帮助所有幼儿认识到每一个人的需求都不尽相同以及尽管每个人都有不同的长处和缺点，但是接纳彼此是一种美德的同时，也建立了真正的班集体。

介 绍 策 略

　　有时，教师已经想好对幼儿采取一种新的策略，但是把它付诸实践却是一种挑战。当向幼儿介绍一个个别化干预策略时，我更愿意把这个策略称为"特别的计划"。幼儿很容易理解这个说法，而且所有的幼儿都想让自己感到是特别的。这个说法也不太容易让幼儿把个别化干预策略看作某种后果或者惩罚。

在向一个幼儿介绍特别的计划时,最好在他心情平静、行为适宜的时候跟他讨论。开启这一对话的一个好办法是,对他说:"你知道吗?我一直在思考……"当你告诉一个幼儿你一直在思考有关他的事,他就会觉得自己是被认可和支持的,他也会知道他对你来说很重要。

关注幼儿行为的积极方面,不要关注他们一直存在的挑战性行为。比如,教师可以说:"亚历克斯,关于圆圈活动我考虑了很久。我知道,在圆圈活动时间安静地坐着对你来说的确很难,你还在学习怎么做到这一点。我还知道,你拼图拼得很好,这一活动能够让你静下心来。所以,你在圆圈活动时间的特别计划就是坐在紧挨大家的桌子旁玩拼图。这样一来,你既可以安心活动,又能听见圆圈活动发生的事情。一段时间之后,你就会更加容易静下心来参加圆圈活动了。我知道,你会回到小组中重新加入我们的活动的。"这样一来,教师就用一种积极的方式向这个幼儿表达了自己对于他获得能力以便更好地发展的期待。

在向亚历克斯私下介绍了这一策略之后,教师可以简单地跟其他幼儿说一下:"关于亚历克斯在圆圈活动时间很难让自己安静下来的事,我考虑了很久。亚历克斯还需要学习如何让自己安静下来。而拼图是一件能够让亚历克斯

> **注意**:怎样介绍一个特别的计划,对于这个计划能否成功是至关重要的!如果一个教师对于幼儿的挑战性行为很头疼和愤怒,并且用一种消极的方式介绍这个计划,那么幼儿自然就会把这个计划当作他失败的象征,并且觉得自己是屈辱的、被惩罚的。积极地介绍这一计划并且表达出期待,对幼儿才是有益的。

保持安静的事，所以我针对他制订的特别计划就是，让他在我们进行圆圈活动的时候在旁边的拼图桌上拼拼图。而你们在圆圈时间坐得很好，听得也很认真。过一段时间，当亚历克斯不再需要这一计划的时候，他就会回来加入我们中间了。"

教师有时会担心当着其他幼儿的面谈论某个幼儿的行为会违反保密原则。对于和幼儿家庭有关的一些事，我们肯定要遵守保密原则；但是，教师现在告诉其他幼儿的这个特别计划是这些幼儿早已经知道的事。教师已经花了很多时间和精力来帮助亚历克斯在圆圈活动时间安静下来，所以孩子们已经意识到了这个问题。通过向其他幼儿解释亚历克斯需要这一特别的计划，教师表明了她对于亚历克斯的关心。同时，教师也传达了这样一种信息，即这个计划并非是对"坏男孩"亚历克斯的惩罚。

有时候，尽管教师尽力使用这种方式来介绍这一特别的计划，别的幼儿还是可能模仿亚历克斯的行为，想看看他们自己是否也能得到特殊的对待。出现这种情况时，教师可以这样说："你正在做亚历克斯在圆圈活动时间做的事，但是这不是你要学习的事。你完全知道如何好好地坐在座位上听故事，所以我希望你现在就能这样做。如果你未来也需要一个特别的计划，我会为你制订一个，但是它会和亚历克斯需要的计划不一样。"教师的自信和坚定的态度对于平息其他幼儿的这种尝试有很大的帮助。

教师也可能遇到对干预措施反应消极的幼儿。当教师带着一本新书来分享或者介绍一种新材料给小朋友们的时候，大多数幼儿会十分感兴趣和好奇。当一个幼儿一直反应消极时，想出如何应对这种对抗是十分具有挑战性的。

玛丽莲是一个上了一年多幼儿园的4岁小女孩，她非常聪明，而且她的父母一直致力于让孩子拥有大量丰富的体验。她们一家会定期参观博物馆，参加各种有趣的旅行，而这些活动提供了许多学习的机会。所以，玛丽莲经常表现出对教室活动和材料的不屑。

对于玛丽莲来说，一天中最困难的阶段就是从午睡中醒来的时候。她会很烦躁，然后说一些不友善的话激怒同伴，比如，"你挡着我的路了！""我不想和你玩！""这里一点都不好玩！"她的老师意识到玛丽莲在午睡以后需要一些时间来控制自己的情绪，但目前为止玛丽莲都不太配合老师的努力。

老师准备了一个装满手工材料的塑料鞋盒给玛丽莲，让她在睡醒之后玩。鞋盒里面装着贴纸、彩色纸、闪闪发光的笔、橡皮泥以及把小纸片钉在一起做成的小书。如果玛丽莲愿意，她可以使用这些材料制作一些"故事"。

老师是这样对玛丽莲介绍她的特别计划的："我一直在考虑你午睡的事，要让你从午睡中醒来参加下午的活动，对你来说真的有点难。我知道，教室里的许多手工材料你都不太感兴趣，所以我专门为你准备了一个特别的小盒子。我将把它放在一个特别的地方。你可能不喜欢我放进去的材料，也可能觉得无聊。如果你想要使用这些材料，那很好；如果你不喜欢这些材料,我会把它拿出来给别的小朋友用。这些都由你说了算。要是你想去看看它的话,盒子就在窗户旁边的桌子上,上面写着你的名字。"

对于大多数幼儿,教师会十分热情地介绍这一特别的计划,幼儿也会十分高兴。然而,玛丽莲一直在排斥老师的帮助,因此老师采取了一种更为放松的方式。他提出她可能对他提供的东西并不感兴趣的假设,让她自己选择是否使用盒子里的材料,并且告诉她如果她不想用也没关系,材料可以给别的小朋友用。这样一来,老师让她知道,如果她想让自己通过拥有这些只有她能用的材料而显得与众不同,那么她可以选择接受它们。

在这个案例中,玛丽莲最终使用了这个盒子。也许是因为她想区别于其他幼儿,也许是因为教师在向她介绍这一特别计划时的巧妙技巧,但这个计划的确帮助她从午睡更好地过渡到下午的活动中。

评估策略的有效性

有时候,教师看到幼儿的行为有进步时,就会错误地认为这个特别的计划可以结束了,没有必要再继续下去了。然而,在很多时候,幼儿的行为之所以改善了,是因为教师的干预策略给了他们有效的支持。如果过早地结束这个计划,那么幼儿的行为很有可能就会变差。延长特殊计划的使用时间，让它超过幼儿真正需要的时间，总比在幼儿还没准备好就结束计划要好。

决定何时可以结束一个特殊的干预策略，是一件很难的事情。教师如何知道幼儿什么时候需要这个干预策略？这个问题并不好回答。对幼儿的活动情况进行聚焦式观察和反思，可以有效地帮助教师对计划做出必要的调整。

我曾经在一所幼儿园里作为一名心理治疗师为具有心理问题的幼儿提供服务。这些幼儿已经习惯了不同程度有针对性的计划，但是因为他们在情感发展方面存在一些挑战，所以他们对于公平的问题比一般幼儿更为敏感。

大卫是一个3岁半的孩子，他无法控制自己的冲动，经常从别人手中抢走材料。在点心时间，大卫经常伸手从装满饼干的点心碗中抓一把，导致老师需要再准备一碗新的饼干，以免造成细菌的传播。因为其他小朋友每天总是不得不等待新的饼干，所以他们对大卫的行为很生气。

大卫对玩具、材料、点心的过度占有背后的原因，是他总是担心自己拿不到足够的想要的东西。于是，我与我的观察者商量并且设计了一个干预策略，让大卫知道他在幼儿园会得到足够的他想要的东西，他在幼儿园会得到精心的照料，他的需要也会被满足。

每天早上，装着点心的托盘里不仅有分给各个孩子的一大碗饼干，还有专属于大卫的一小碗饼干。大卫不仅在点心时间可以拿着这个装着饼干的小碗，还可以把这个碗放在他的储物柜整整一个早上，以备他过一会儿还要吃。

我向全班幼儿介绍了这个特别的计划："关于点心时间和点心时间大卫很难耐心等待这件事，我思考了很久。大卫还需要学习耐心等待。他担心自己得不到足够的食物。大家都不会担心这个问题，并且可以耐心等待。你们吃完你们想吃的就不会再继续想着了，这非常好。但是，这对于大卫来说非常困难，因此我想可以让大卫把自己的小碗放到储物柜里，以方便他之后还想吃东西。这会使大卫明白他在幼儿园里可以得到足够的食物。你们知道吗？如果你们将来也需要一些特别的计划，我也会为你们制订的。但是这个计划不是你们需要的，它是大卫需要的。"

对于大卫的这个特别的计划，其他孩子没有提出什么异议，并且他们很高兴地知道，他们不需要每天再等着老师把点心盘拿回厨房再拿一碗新的点心了。

因为其他孩子不用担心他们可能拿不到足够的食物，所以他们也没有真的留意大卫的小碗是否经常在他的储物柜里。

三个星期之后，我留意到早上结束，当把大卫的小碗送回厨房的时候，小碗里的点心还是满的。他已经不需要或者不想吃更多的点心了，他只是需要知道他在幼儿园里可以得到足够的食物。就这样一连几个星期，当我发现送回厨房的大卫的小碗里的点心都是满的之后，我就不再让大卫整个早上都把小碗放到储物柜了，但是我还是继续会让大卫在点心时间拿着小碗好一会儿。

4岁的特洛伊有一个非常不好的习惯，就是他喜欢把各种不能吃的东西放到自己的嘴巴里面，这很危险。他会把拼图、没用完的棉花球甚至小块的乐高积木放在嘴巴里。教师会和特洛伊一起用适宜的方式使用游戏材料，但是教师感觉她是在强制纠正特洛伊的行为。教师猜想，特洛伊的口腔感觉发展是不是存在问题，所以才导致他需要口腔刺激。

一位职业治疗师来到幼儿园观察特洛伊的情况。观察后，她认同老师的看法，说特洛伊的确有轻微的感觉失调问题，导致他总想寻求口腔的刺激。她建议给特洛伊提供一根咀嚼棒。咀嚼棒是一根不容易被咬坏的塑料棒，可以让幼儿安全地咀嚼。但是，这根咀嚼棒有点苦，特洛伊不喜欢。

特洛伊的老师与同事、园长交谈，目的是询问他们是否同意一个有一点争议性的策略。等他们都同意之后，教师跟特洛伊的家长商量并且征得了他们的同意。然后，他向特洛伊介绍了这个策略。

教师说："你知道吗？特洛伊，我已经想了很久为什么你这么喜欢把东西放到嘴巴里面。我知道你已经非常努力不把一些危险的、不能吃的东西放到嘴巴里面，但你有时候似乎控制不住自己的行为。我已经跟你的爸爸妈妈以及戴顿园长商量过了，觉得你可能需要一个特别的计划来保证你放到嘴巴里的东西是安全的。这个计划就是当你在幼儿园的时候，让你嚼一块无糖的口香糖，这样你就不会把玩具和非食物的东西放到嘴巴里了。"

特洛伊喜欢这个新的计划。特洛伊的父母买了大量的无糖口香糖。在特洛伊喜欢把东西放进他的嘴巴的时候，教师就会给他半块口香糖。

显然，这是一个非常有争议性的策略。在计划实施之前，大家必须讨论这个计划会引起其他孩子什么样的反应，以及如何保证特洛伊能正确地嚼口香糖。许多孩子都很喜欢咀嚼口香糖，然而幼儿园并不允许。那么如何让其他幼儿感到公平并接受让特洛伊在幼儿园咀嚼口香糖呢？

教师是这样向其他孩子解释特洛伊的计划的：

我一直在想怎样确保小朋友们在幼儿园的安全。一个很不安全的问题就是，你们把不能吃的东西放到嘴巴里面，这就是特洛伊现在存在的问题。特洛伊需要一些可以咀嚼的东西。在座的各位小朋友都能够只把吃的东西放到嘴巴里面，并且不会随便咀嚼一些不安全的东西，然而特洛伊需要一个特别的计划来确保他放到嘴巴里面的东西是安全的。针对他的这个计划就是，允许他有时能够咀嚼一小块口香糖。通常情况下，我们是不允许在幼儿园吃口香糖的，但是口香糖可以让特洛伊咀嚼很长时间，这对于他来说是安全的。他的父母会给特洛伊准备口香糖，并且只给他一个人准备。假如其他小朋友也想吃口香糖，你们可以问问你们的爸爸妈妈，看看他们让不让你在放学后吃。

在这个幼儿园里，一天中的大部分时间，班上的小朋友都被分成很多不同的小组并且被分配给一位特殊的依恋教师。特洛伊的依恋老师决定周五下午偶尔允许他负责的小组里面的小朋友与特洛伊一起吃口香糖。首先，他征得了小组其他小朋友的家长的同意，并且把这件事当作一件特殊的事情。通过这种方式，他意识到让幼儿看着自己的朋友在幼儿园里面有特权，特别还涉及口香糖这类对孩子有吸引力的东西，是非常困难的。但是经过一天又一天的了解，其他孩子能够较好地理解，只有特洛伊能在幼儿园里吃口香糖。

当教师以一种幼儿能理解的方式把这种对某个幼儿的特殊安排清楚地解释给其他幼儿听时，他们就能感受到被尊重和被理解。我相信，这样对待幼儿，能培养他们在人际交往中的宽容大方和接纳。

真正有效的干预策略需要教师仔细、认真地探究幼儿的处境和需要。在极偶尔的情况下，如果个别化干预策略导致幼儿的行为加重了，那么肯定是因为这个策略忽视了幼儿的真正需要，这时教师就要快速重新评估这个策略。反思收集到的有关幼儿的挑战性行为的新信息后，教师可以制定一个新的策略。教师也不是完美的，在制订和实施计划时也会出错。如果发生了这种错误，最好的解决办法是马上修正计划。

如果一个幼儿在接受了一个经过深思熟虑的个别化干预策略之后还是无法获得成功，那么老师们就要知道他们已经提供了他们能够提供的一切支持，或许给幼儿提供另外一种完全不同的环境会有效果。

布列塔尼是一个还不到3岁的孩子，于4月份进入幼儿园就读。她之前是在家庭托儿所接受照顾的，现在在一个包括3—5岁年龄段孩子的班级里。幼儿园一有名额，她妈妈就把她送了过来，因为她认为布列塔尼应该成为一个"大孩子"了。

布列塔尼来到幼儿园就表现出各种各样的挑战性行为，导致教师帮助她适应幼儿园的任务难上加难。教师留意到布列塔尼表现得更像一个学步儿，而不是一个学前儿童。她很难集中注意力，经常在教室里走来走去，也很容易兴奋过度。当她兴奋过度时，她就会咬其他的孩子，这种行为似乎并没有伴随明显的挫折或者生气情绪，感觉是她内心不平静的一种投射。

布列塔尼的教师想，让她玩牙胶不知道能否缓解她的紧张情绪。让布列塔尼的妈妈接受这个点子并不容易，因为她想让布列塔尼成为一个"大孩子"，而不是一个小宝宝。另外，因为布列塔尼最近才进入幼儿园，所以教师并没有足够的时间与她的妈妈建立一种信任的关系。教师与她的妈妈见面交流，她妈妈勉强同意了这个点子，因为她非常渴望让她的女儿留在幼儿园。

布列塔尼喜欢这个磨牙玩具，但这并没有消除她的咬人行为。有时候，她会用自己的磨牙玩具；有时候，她依然咬其他的小朋友。另外，布列塔尼经常说脏话，这对于其他孩子来说是非常具有吸引力的，也会因此而哄笑，因为他们知道这是不被接受、不被允许的行为。布列塔尼还有一个行为就是当其他小朋友在厕所时，她也要去，她会拽下其他小朋友的裤子并且傻傻地笑。

年末，如果一个年幼的儿童进入幼儿园，那么教师会感到点吃力，因为其他孩子都已经上幼儿园好几个月了。秋季开学时，因为都是新来的幼儿，所以教师会采取一种特殊的方式来组织班级活动。一开始，教师会在班级里摆放少量的材料，以免幼儿面临过多的材料而难以抉择。教师会做出大量的努力为孩子们解释并且帮助他们学习班级常规与各种规范，他们会调整自己以帮助幼儿适应幼儿园的环境。

到了四月，孩子们已经非常熟悉班级的日常活动了。这时，教师就会提供更多的材料供幼儿自由独立选择与操作，也不需要花大量的时间去解释或者提醒儿童遵守班级规则。这个时候班级加入一个年幼的孩子是非常具有挑战性的，尽管这个孩子各方面都发展得不错。

在这个案例中，教师会向其他幼儿解释说："布列塔尼是我们当中最小的孩子，她还不知道哪些词汇是可以在幼儿园使用的、哪些是不可以的。"教师告诉幼儿在布列塔尼使用这些不恰当语言的时候忽略它，因为他们的反应或许会让布列塔尼受到鼓励。这个指导并不容易实现，但是一些幼儿的确做到了。为了有效解决布列塔尼在厕所的行为，一位成人会一直跟着她，监督她的行为，只要有幼儿进入厕所就不让布列塔尼靠近厕所。

尽管其他孩子能够在很多区域中应付布列塔尼的挑战性行为，但是她还是没有获得明显的发展。因为咬人会伤害其他幼儿，所以教师必须尽快改善布列塔尼的行为。这样教师就不用历时几个月，尝试不同的干预策略了。教师担心是不是布列塔尼在家庭中的原因导致她的过度反应行为，但是由于跟她的妈妈没有建立一种互相信任的关系，所以教师没法深入了解，也没办法和她妈妈一起共同解决布列塔尼的这个行为。

经过几个星期的努力干预后，教师和园长一致认为幼儿园的环境对于她来说太复杂了，以至于她难以应对。她需要一个小型的、亲密的环境，也就是有比较少的刺激以及更多一对一的关注机会的环境。她的妈妈对幼儿园的工作人员非常生气，对于布列塔尼不能适应幼儿园感到非常失望。尽管她不满意，但是园长还是为布列塔尼找到了一个家庭托儿所，这个家庭托儿所由富有经验又细心的照顾者负责，并且班上的孩子很少。

有时候，尽管我们付出很多努力，但是仍然不能帮助一些孩子在个别化干预策略的作用下成功地适应幼儿园的生活。很多因素会影响我们对布列塔尼的干预策略的结果，但是教师和园长都明白他们已经尝试了各种方法来支持布列塔尼的发展需要，只不过在当时对于布列塔尼来说，还是无法充分满足她。

在大多数情况下，学前儿童在有针对性的策略的指导下都能获得很好的发展，因为满足了他们发展的需要。教师需要支持以及仔细观察幼儿，确认幼儿正在发生着什么并且考量他所处的环境是否隐藏着什么潜在的发展挑战。如果幼儿园具备鼓励探索的氛围，并且接纳不同水平的幼儿，那么，个别化干预策略就会长时间作用于幼儿并促使幼儿成功。

这些计划除了帮助某个幼儿适应幼儿园的生活之外,还会向其他幼儿传递重要的信息,即他们知道他们在幼儿园的需要会被满足。另外,他们也会被告知他们各方面的技能和能力上都表现得很好。这些信息可以让幼儿觉得自己在集体中有一定的位置,进而产生强烈的集体归属感,也可以发展幼儿的亲切、宽容和接纳能力。这些品质可以帮助幼儿建立自尊,同时也可以引导他们在进入正式的幼儿园学习之后有更多的包容。

问题反思

1. 想一想你在自己的班级中在一个幼儿身上使用"特别的计划"的情形。当幼儿需要额外的帮助时,教师通常很少特殊对待。在你想到的这些情形中,你为什么要制订这个计划?它是怎样发挥作用的?

2. 阅读完本章后,你能否想到针对自己班上某一个幼儿反复出现的行为制订一个"特别的计划"?你将怎样制订这样一个计划?你会采取哪些步骤来实施这个计划?

3. 对于这个观点,即把这种策略整合到你自己的干预措施中以及为不止一两个具有挑战性行为的幼儿制订特别的计划,你会如何做出回应?

4. 你会怎样帮助班级中的幼儿理解"我们都正在努力学习某些东西"这一观点?你认为,这一观点对于班级中的幼儿有帮助吗?你还会采用哪些方式教幼儿接纳不同?

5. 如果你觉得需要,修正你在第一章中列出的目标和价值观清单。

第八章

总结与应用

我们希望幼儿好奇心强、热爱学习、充满自信,希望他们拥有强大的社交技能,能够交到新朋友和维持友谊,能和班级里的每一个人,哪怕自己不喜欢的人友好相处。我们想要创建一个能让每个幼儿都有归属感、都感到自己被重视、都可以做出贡献的班集体。这些能力可以让幼儿具有抗逆性——应对挑战的信心和即使身处逆境也能继续前进的不屈不挠的精神。教师能对幼儿的生活产生深远的影响。意识到自己的工作会对幼儿产生潜在的影响,能够鼓励教师去反思并找到富有创意的办法来面对幼儿的挑战性行为。

那些已经具备了抗逆性来克服人生中的巨大挑战的成人往往会说,在他们的生命中,有个人为他们提供了支持并为他们树立了人际交往的榜样。这个人通常就是他们的老师——在情感上随时满足他们的需要并向他们示范了积极的人际交往的那个人。

随着本书内容的深入，我们探索出了通过反思来发展洞察力的方法。想一想你为自己的班级所设立的目标。思考一下，你将如何利用学到的内容来创建一个对幼儿抱有发展适宜性期待的教室环境。想一想，你如何与将孩子托付给你照顾的家长建立联系。反思一下，你将如何使用你掌握的新策略和新方法来和幼儿一起战胜挑战，创建一个健康的班集体。

情 境 练 习

下面是我们选取的一些情境，每一种情境代表了一种常见的班级情况、困境或挑战。利用之前我们探索过的反思过程，思考一下如何整合我们之前讨论过的策略、技巧和方法来应对这些情境。

- 在表演区，4岁的迪安娜与另一个小朋友斯科特产生了分歧。斯科特想扮演宠物狗，但迪安娜希望他来扮演小宝宝。当斯科特拒绝后，迪安娜宣布："那么就不许你参加我的生日会了！"你认为这里正在发生什么事情？迪安娜通过她的行为满足了她的什么需要？你将如何处理这种情况？
- 3岁的埃玛和西尔维娅正在美术区画画。埃玛在取一些颜料时不小心撞到了西尔维娅的手臂，西尔维娅吼道："你太蠢了！"埃玛听到后哭了起来。你需要介入吗？如果需要，你的目的和方法是什么？
- 萨米想玩大块积木，于是他跑向积木区，在这个过程中，他把拉蒙推倒了。我们无法确定萨米是故意推倒拉蒙的，还是碰巧撞到他的。你应该立即介入还是看看后面会发生什么？如果你确实需要介入，你的目的和方法是什么？

- 3岁的玛利亚走进表演区并把萨拉手里的扫帚抢了过来。当萨拉表示抗议时，玛利亚拒绝还给她。同样3岁的萨拉想要抢回扫帚，于是两个女孩开始争夺扫帚的控制权。你如何帮助她们解决这个冲突？

- 圆圈活动时间，4岁的梅瑟在老师给全班小朋友读故事的时候，总是插嘴评论或提问，打断老师的阅读。教师提醒她不能打断别人，并且要她安静聆听或者要评论时举手示意。通过这个行为，你认为她想满足什么需要？你如何帮助她用不扰乱活动的方式参与其中？

- 萨曼莎是一个心直口快的4岁小女孩，她喜欢管自己和其他人的事情。她常常忽视教师宣布的打扫时间，不参与打扫，而是继续玩游戏或者在教室里到处闲逛。当教师试图引导她去打扫时，她回应道："我不想做！"或者"我讨厌打扫，没门儿！"你会如何回应以鼓励萨曼莎遵从老师的要求？

- 迈克尔是一个最近才入园的3岁小男孩。他很难接受别的小朋友进入他的地盘或者摸他正在玩的玩具。当他觉得别的小朋友妨碍了他时，他就会推他们或打他们。迈克尔没有兄弟姐妹，并且当周围有小朋友时，他貌似不安。在班级中你可以做些什么来帮助他表现出适宜的行为？

- 刚刚3岁的瑞吉进入了一所全日制幼儿园，之前的两年，他一直是由他非常喜爱的保姆在家中照顾。他正与强烈的分离情绪做斗争，有时候他会大声地哭很长时间。下午，他常常选择坐在椅子上看着窗外，等待他妈妈来接他。什么样的干预措施有助于瑞吉克服他的分离情绪？制定一个干预策略来帮助他适应幼儿园。

- 胡安是一个4岁的小男孩，他在一所幼儿园已经待了一年多时间了。他喜欢在班级里以一种吵闹的方式进行身体冒险活动，比如，爬上积木柜然后跳下来，这常让他陷入危险的境地。他知道班级规则，但是似乎不能克制自己对身体活动和大肌肉运动游戏的需要。研发一种策略来帮助胡安更安全地行动，并且满足他对大肌肉运动游戏的需要。

- 4岁的娜奥米和她的朋友托尼娅正用大型积木搭建一个高高的建筑。建筑突然倒了，托尼娅哭了起来。你没有看到事情发生的经过，但你知道两个女孩都很难过。你会如何处理这种情况？找到一种帮助她们两个感到好受一点的有效策略。

- 阿伦和萨姆都3岁了，他们正在教室里争抢一辆救火车。阿伦说："是我拿到它的，萨姆，放手！"萨姆说："现在轮到我了，我需要它！"你处理这种事情的目的是什么？你将如何介入？

- 当3岁的坎迪想从老师那要什么东西时，她就会哭嚷。她的老师已经和她聊过，要她用正常的声调说话，但她依然哭嚷。教师感到很挫败，呵斥她："坎迪，我受够你的娃娃语了！你如果像3岁小朋友的样子，那我就不再听你说话了！"坎迪立即放声哭起来，教师说："等你平静下来，我们再聊。"然后，教师走到了教室的另一处。坎迪终于停止了哭泣，但教师并没有机会与她重新进行对话。教师可能会做什么？有没有可能在第二天与坎迪进行更积极的沟通？坎迪的行为是要满足自己的什么需要？有没有其他方法来回应坎迪的哭嚷？

问题反思

1. 书中哪些具体的策略对你最有用？
2. 选择一种你打算在自己的班级实施的策略，列出你成功实施它所需要的三个步骤。
3. 设计实施时间表，并简要写下你将要综合使用的策略。记住，这些新技巧可能需要一些时间才会奏效，如果一开始没成功，那可以再试试！
4. 如果你从书中发现一些特别有用的信息，你将如何告诉你的同事或上级？

附 录

幼儿入园表

您的孩子

描述您孩子的个性特点（脾气、长处、弱点、需要）：
_____
_____
_____

你的孩子是否有特别害怕的事物：
_____
_____
_____

您的孩子是否有紧张的习惯：
_____
_____
_____

您的孩子是否有依恋物，比如某个枕头、毛毯、填充玩具？如果有，孩子是否能够把这个依恋物带到幼儿园？
_____
_____
_____

检查下列特征是否适用于您的孩子。如果一些特征只在某些情况下出现，请您具体地描述这些情形。

☐积极主动　　　　☐敏感（容易产生受伤的感觉）
☐安静　　　　　　☐领导者
☐热情　　　　　　☐服从者
☐固执的　　　　　☐友善
☐难相处　　　　　☐害羞
☐随和　　　　　　☐大胆
☐敏感（对他人的感受）　☐谨慎

这些行为出现的特定情境：
_____
_____
_____

孩子最好的品质：
_____
_____
_____

孩子身上最具有挑战性的特质：
_____
_____
_____

孩子的特殊兴趣或者才能：
_____
_____
_____

孩子是否喜欢听故事：
_____
_____
_____

你们亲子共读的频率是：
_____

孩子看电视的时间：
_____
_____
_____

孩子是否养宠物：
_____
_____
_____

如果养宠物，它的名字是：
_____
_____
_____

您的孩子喜欢什么类型的玩具或游戏材料：
_____
_____
_____

您的孩子喜欢怎么游戏？
☐ 自己玩耍　　　　　☐ 和一个小伙伴一起玩耍
☐ 和一个成人玩耍　　☐ 和几个小伙伴玩耍

描述您孩子的注意力广度：
_____
_____
_____

描述您孩子的精力水平：
_____
_____
_____

您发现如何能够让您的孩子产生合作和积极的行为？
_____
_____
_____

您通常如何限制或管教您的孩子？
_____
_____
_____

您觉得您的干预有效程度如何？
_____
_____
_____

在发生下列情况时，您如何回应您的孩子：
尿裤子
_____

发脾气
_____

横穿马路
_____

打父母
_____

打小伙伴
_____

家庭生活

家庭会庆祝什么节日或有什么样的家庭传统？
_____
_____

家庭中最喜爱的食物是什么？
_____
_____

您希望幼儿园为您的孩子做些什么？
_____
_____
_____

您期望孩子从幼儿园生活中获得些什么？
_____
_____
_____

其他意见
_____
_____
_____
_____
_____
_____
_____
_____
_____
_____
_____
_____
_____
_____

附录　幼儿入园表

万千教育 学前教育类书目

书号	书名	著、译者	定价(元)
幼儿园教师专业成长指导			
2113	做会沟通的幼儿教师	胡剑红 等 主编	38.00
2236	幼儿园文案撰写规范与技巧	刘 敏 等 著	52.00
2311	幼儿园探究性环境创设（四色）	康 丹 等 译	48.00
2056	小脑袋，大问题（四色）	孟 晨 译	48.00
2309	破解幼儿园教师的90个工作难题	杜长娥 徐 钧 主编	52.00
2112	幼儿园优质教研活动设计方案	朱 清 等 著	38.00
1781	给青年幼儿教师的建议	吴邵萍 著	40.00
8470	答新手幼儿教师120问	刘洪霞 主编	28.00
1798	幼儿园新手教师指导手册	王 芳 等 著	48.00
1783	从新手到骨干——幼儿教师专业成长故事	尹坚勤 编著	42.00
1780	幼儿教师追求幸福的方法	余胜兰 著	42.00
9111	做个幸福快乐的幼儿教师——为你的专业成长支招	莫源秋 著	28.00
9047	幼儿教师临场应变技巧60例	冯伟群 著	25.00
8930	幼儿教师易犯的150个错误	伍香平 编著	32.00
0070	幼儿教师必知的礼仪规范	向多佳 编著	38.00

9611	幼儿园教师必知的60条教育政策与法规	洪秀敏　编著	34.00
幼儿园教师专业成长指导系列合计			633.00
幼儿园教师教学技能与活动指导			
2253	理解儿童心理从绘画开始（全彩）	陈　侃　著	38.00
0760	幼儿园备课·说课·听课·评课	俞春晓　等　著	42.00
8598	幼儿园集体教学活动设计方法与实例	俞春晓　著	28.00
9499	幼儿教师必须修炼的10项教学技能	俞春晓　著	25.00
9454	幼儿园教学诊断技巧与对策58例	王春燕　等　著	38.00
1799	幼儿园电影主题活动创意设计（全彩）	王微丽　等　主编	72.00
9612	幼儿园综合主题活动——设计技巧与优秀案例	赵旭莹　等　主编	42.00
1235	幼儿园绘本美术活动创意设计（全彩）	郭莉萍　赵福云　主编	68.00
9323	幼儿园美术活动创意设计（全彩）	罗　梅　赵福云　主编	56.00
0180	给幼儿教师和家长的81条美术教育建议（全彩）	李力加　著	62.00
9150	幼儿园节日活动精彩设计方案	刘洪霞　主编	35.00
9590	幼儿园语言活动创新设计	郭咏梅　著	32.00
0157	幼儿园优秀语言活动设计70例	郭咏梅　主编	26.00
0453	幼儿园优秀体育活动设计99例	朱　清　侯金萍　主编	45.00
9892	幼儿园优秀美术活动设计99例（全彩）	陈学群　余　晖　主编	58.00

……
欲了解更多图书信息，请登录：www.wqedu.com
联系地址：北京市西城区三里河路6号院2号楼213室　万千教育
咨询电话：010-65181109，65262933

*本目录定价如有错误或变动，以实际出书为准。